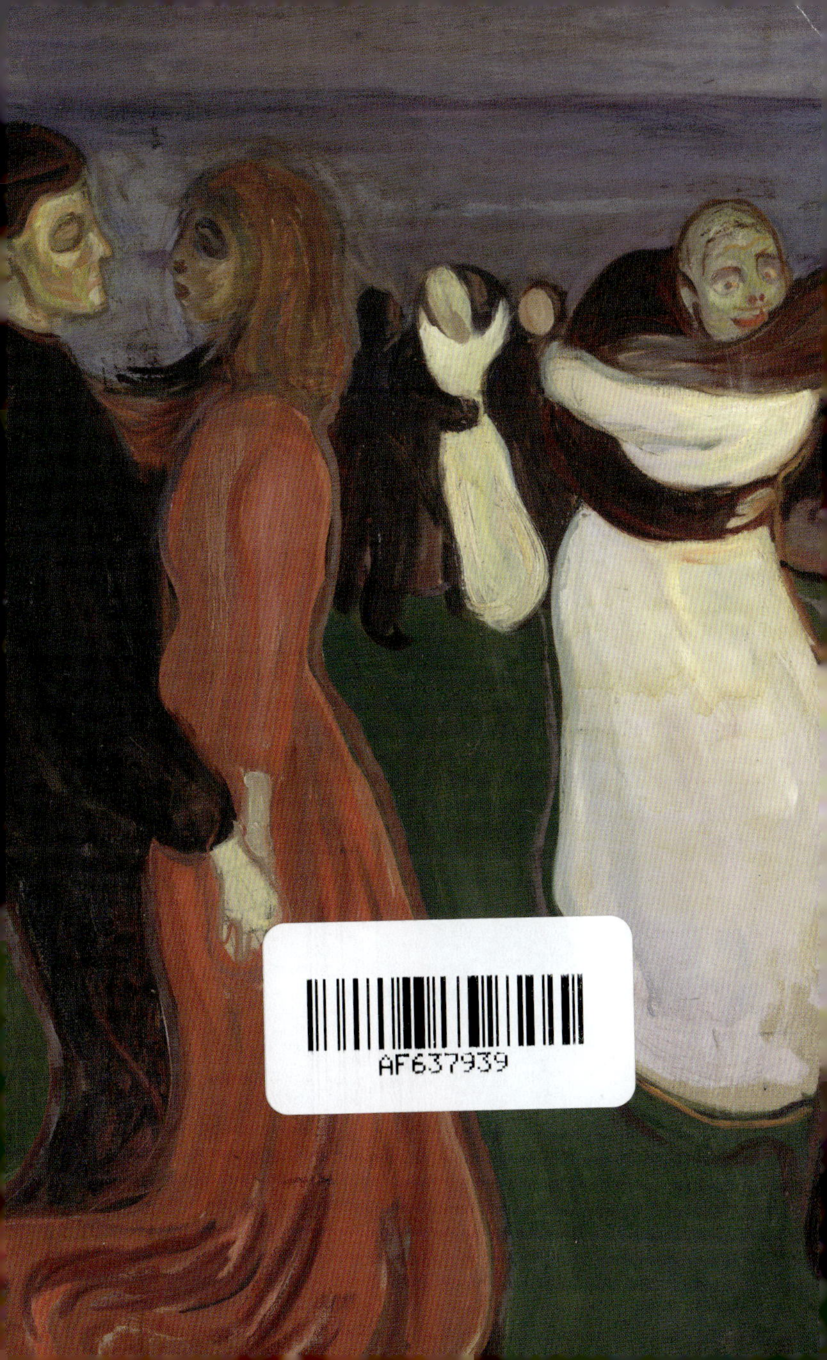

AF637939

WIENAND[S] KLEINE REIHE
DER KÜNSTLERBIOGRAFIEN

WEITERE TITEL:

OTTO DIX
MAX ERNST
CASPAR DAVID FRIEDRICH
ALEXEJ JAWLENSKY
ERNST LUDWIG KIRCHNER
GUSTAV KLIMT
KÄTHE KOLLWITZ
WILHELM LEHMBRUCK
MAX LIEBERMANN
AUGUST MACKE
PAULA MODERSOHN-BECKER
AMEDEO MODIGLIANI
GABRIELE MÜNTER
EMIL NOLDE
CHRISTIAN SCHAD
EGON SCHIELE
MAX SLEVOGT
FRIEDRICH VORDEMBERGE-GILDEWART
MARIANNE VON WEREFKIN

Nils Ohlsen

EDVARD MUNCH

Wienand

Inhalt

EXKURSE

Nachts höre ich dem Schlag meines Herzens zu. Ich höre das Blut in meinen Ohren rauschen – es sprengt mir den Kopf – es siedet [...]. Was ist klein – was ist groß – was ist Zeit? Eine Sekunde zwischen den Herzschlägen – und die Sphären in meinem Inneren haben ihre Runde gemacht. Milliarden von Jahren braucht das Licht von den entferntesten Sphären im Universum bis zu mir. [...] Im Dunkeln schließe ich die Augen. In meinem Inneren leuchtet und funkelt es. Die Sphären leuchten – die Atome leuchten.

Edvard Munch, undatierte Notiz

Mal laut und mal ganz leise: der Kontinent Munch

Es scheint keine Grenzen zu geben. Edvard Munch (1863–1944) ist nicht nur einer der wichtigsten, sondern auch einer der produktivsten Künstler der Moderne. Mit mehr als 1750 Gemälden, rund 10 000 Zeichnungen, zahllosen Skizzenbüchern, rund 750 Druckgrafiken, 180 Fotografien, einigen Skulpturen und nicht zuletzt etwa 10 000 Seiten Text aus mehr als sieben Jahrzehnten erscheint sein Œuvre wie ein in sich geschlossener Kontinent. Woran liegt das? Zum einen ist der Ausgangspunkt seiner Kunst sein eigenes Leben, zum anderen lässt er sich keinem Stil und keiner Bewegung der Moderne klar zuordnen. Unter Munchs zahlreichen undatierten Notizen findet sich der Satz: „Die Religion unserer Zeit – das heißt das Seelenleben unserer Zeit muss reflektiert werden." Es geht ihm nicht um die Auflösung der Form, sondern um die Auseinandersetzung mit zeitlosen Emotionen und Beziehungen zwischen Menschen.

Elementare Gefühle und existenzielle Lebenssituationen sind vor Munch in der bildenden Kunst nie so direkt und authentisch zum Ausdruck gebracht worden. Dass dies in einer Zeit geschieht, in der man seine Gefühle zu beherrschen hatte und kaum über sie sprach, stärkt Munchs Bedeutung noch. Im Zentrum seines Schaffens stehen die Ängste, Unsicherheiten und Sehnsüchte des modernen Individuums, aber auch das große Staunen über die Schönheit und Tiefe der Natur in und um uns und die unbändige Lust, dieses Staunen in Kunst zu übersetzen. „Trotzdem habe ich oft das Gefühl", so notiert der Künstler in einem Skizzenbuch aus den Jahren 1927–34, „diese existenzielle Angst haben zu müssen – sie ist notwendig – und dass ich

Selbstbildnis mit Zigarette, 1895,
Öl auf Leinwand, 110,5 × 85,5 cm

nicht ohne sie leben will – Oft denke ich, dass auch Krankheit notwendig war – in Zeiten ohne Angst und Krankheit fühlte ich mich wie ein Schiff, das in starkem Wind segelt – aber ohne Ruder und fragte mich wohin? Wo strande ich?"

1907/08 notiert Munch in eines seiner stets für Gedanken und Motive bereitliegenden Skizzenbücher: „Ein Kunstwerk kommt nur aus dem Inneren des Menschen. Kunst ist die Form des Bildes, die zustandekommt in des Menschen Nerven – Herzen – Gehirn – Augen." „Natur ist das ewige große Reich, aus dem die Kunst ihre Nahrung erhält", stellt Munch in einem Brief an Eberhard Grisebach von 1932 fest und bezeichnet seine Kunst als „ein Selbstbekenntnis. Darin versuche ich, mein Verhältnis zur Welt zu klären. Es ist sozusagen eine Form des Egoismus. Dennoch habe ich gleichzeitig immer geglaubt und gefühlt, dass meine Kunst auch anderen Menschen bei ihrer Suche nach Wahrheit helfen kann."

Munch lässt uns die Spannungen und Verbindungen zwischen den Geschlechtern, zwischen Welt und Universum oder Lust und Schmerz fühlen. Wir werden eingeladen, einzutauchen in ein Werk, das uns in seiner Ehrlichkeit, Authentizität, aber auch in seiner Experimentierfreudigkeit und Radikalität immer wieder überrascht, verblüfft und mit Fragen konfrontiert. Wir fühlen, dass seine Kunst uns angeht und uns etwas sagt – mal laut, mal ganz leise, aber aus einer Anschauungsweise heraus, die mit denselben Träumen, Gedanken und Ängsten zu tun hat, die den Menschen auch heute bewegen. Munchs Kunst hat nicht zuletzt dazu beigetragen, Gefühle als subjektiven Ausdruck in der Kunst als selbstverständlich zu betrachten. Dabei rekurriert er immer wieder auf existenzielle Schlüssel-

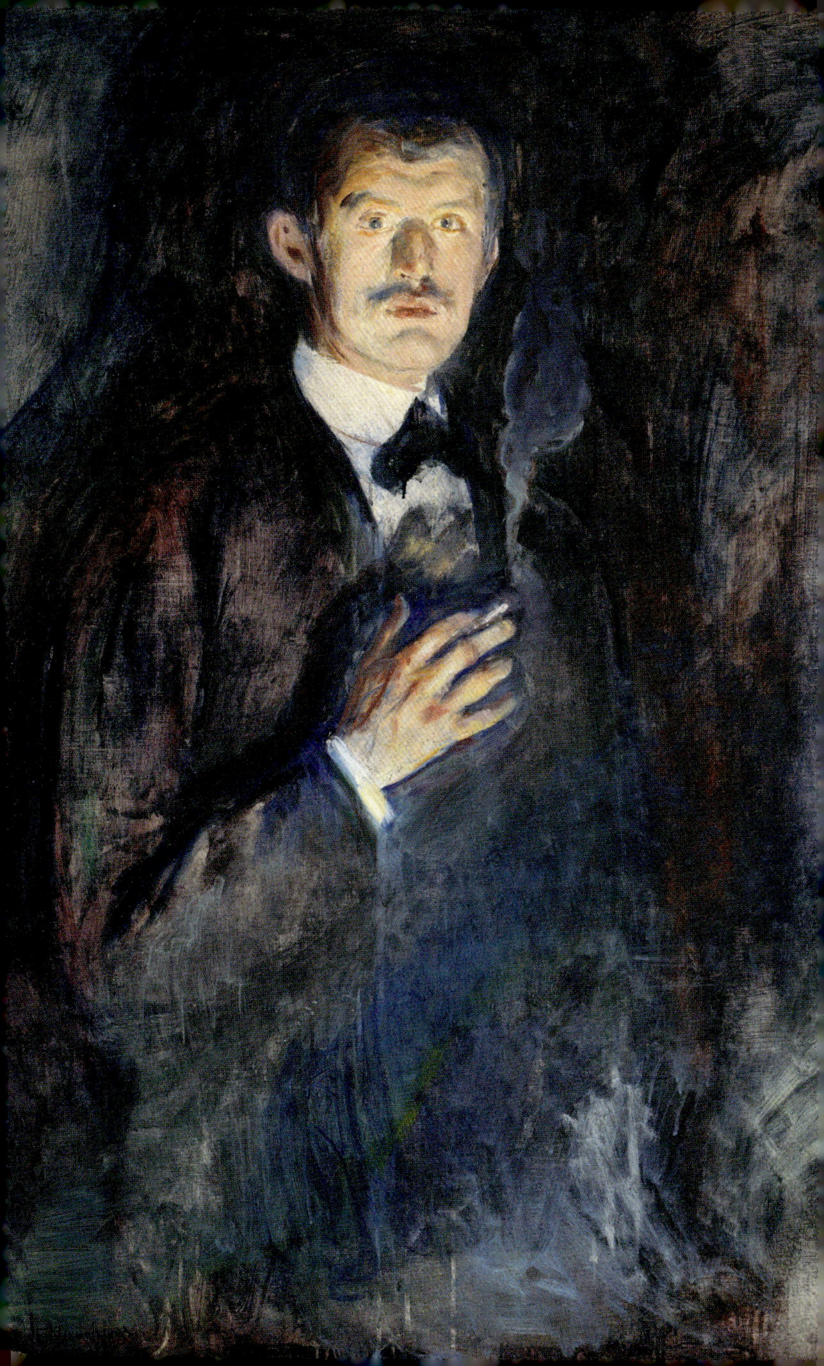

erlebnisse aus dem eigenen Leben, die er in beispielloser Intensität auf ein universelles Niveau hebt, und legt seelische Empfindungen schonungslos offen.

Munch ist ein Meister der Selbstinszenierung, der nicht nur in seinen Selbstporträts, sondern auch in Texten und Selfies Mythen und Rollen lanciert, die genau kalkuliert sind. Sein Hang zur Selbstinszenierung macht es schwierig, den Menschen Munch zu beschreiben. Lassen seine privaten Aufzeichnungen neben schonungsloser Offenheit immer wieder Selbstironie durchblicken, so finden sich in seinen Porträtfotografien niemals ein Lachen, Zwinkern oder auch nur eine spontane Geste. Stets lässt er sich in einer bisweilen zur Pose erstarrten repräsentativen Haltung und mit ernstem, oft in die Ferne schweifendem Blick ablichten. Ein Anflug von Trotz ist die einzige Blöße, die er sich in den Fotos gibt, die ihn außerhalb der Familie nie in Gesellschaft zeigen. Diese Haltung muss auch als Schutz gegen eine als beängstigend empfundene Außenwelt verstanden werden.

Diffuse oder konkrete Ängste vor Krankheit, vor den Erwartungen an die Rolle des Künstlers und an die als Mann gegenüber der Frau, Angst vor vermeintlichen Konkurrenten sowie generell vor Enge und festen Strukturen scheinen stete Begleiter des Künstlers gewesen zu sein. Doch münden diese nie in eine Suche nach Schutz und Geborgenheit – im Gegenteil. In einer undatierten Notiz schreibt er: „[...] ich musste umherwandern, um Ruhe zu finden.“ Ängste scheinen ein wichtiger Antrieb für seine Kunst zu sein, in der er sie auf ein allgemeines Niveau jenseits seiner Individualität hebt und in zeitlose Kunst überführt.

Making Munch

KINDHEIT: VERLUST UND FRÜHE BESTIMMUNG

Edvard Munch wird am 12. Dezember 1863 auf einem Gutshof bei Hamar als zweites Kind der Eheleute Christian und Laura Munch geboren. Aufgrund seiner schwachen Konstitution wird er gleich nach der Geburt notgetauft. Der Vater ist Militärarzt, die Mutter kommt aus einer gut situierten Familie. Nach der Beförderung des Vaters zieht die Familie 1864 nach Kristiania (heute Oslo) in ein gutbürgerliches Viertel, und in den folgenden Jahren bekommt das Paar drei weitere Kinder. Doch nicht zuletzt aufgrund der Depression des Vaters stellen sich bald finanzielle Probleme ein, sodass die Familie 1868 in ein einfacheres Quartier umziehen muss. Als Edvard fünf Jahre alt ist, stirbt die Mutter an Tuberkulose, und ihr Tod vertieft die puritanisch strenge Religiosität und Schwermut des Vaters. Lauras Schwester Karen Bjølstad übernimmt fortan die Rolle der Mutter im Haushalt, die in den folgenden Jahren mehrfach in einfachere Wohnungen umziehen muss. Als Edvard dreizehn ist, stirbt seine Schwester Sophie im Alter von fünfzehn Jahren ebenfalls an Tuberkulose. Während seiner Kindheit und Jugend leidet er an chronischer asthmatischer Bronchitis sowie an Blutstürzen und Gichtfieber – Krankheiten, die ihn immer wieder für längere Zeit ans Krankenbett fesseln.

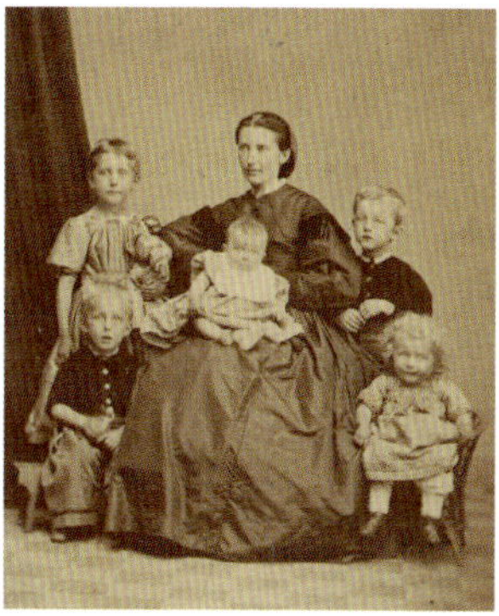

Laura Cathrine Munch mit ihren Kindern, 1868; Edvard ist das zweite Kind von rechts.

Der Vater stirbt 1889, der Bruder Andreas 1895, die Schwester Laura entwickelt früh ein psychisches Leiden und stirbt 1926

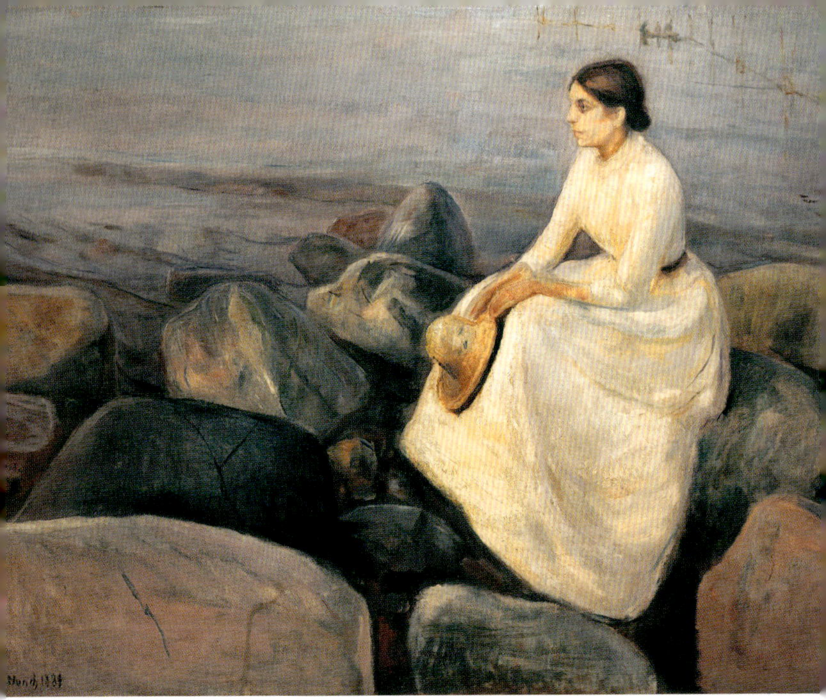

Sommernacht, Inger am Strand, 1889, Öl auf Leinwand, 126,5 × 161,5 cm

in geistiger Umnachtung. Allein die Schwester Inger wird den Künstler überleben. Die unfassbaren Verluste innerhalb der Familie lassen Munch Kirche und Christentum anzweifeln. „Seit meiner Geburt", so schreibt er in einer undatierten Notiz, „– standen die Engel der Angst – der Trauer – des Todes an meiner Seite, folgten mir hinaus wenn ich spielte – folgten mir in die Frühlingsonne – in des Sommers Pracht."

Munchs Tante, Karen Bjølstad, erkennt und fördert Edvards künstlerisches Talent früh. Mit Besuchen von Ausstellungen sowie ersten eigenen Zeichen- und Malversuchen flüchtet er aus der Enge des Familienverbandes, dessen Alltag von Krankheit, Tod und sozialem Abstieg gekennzeichnet ist. Zwar nimmt er auf Wunsch des Vaters 1879 ein Architekturstudium

Meine gesamte Kunst war im Nachdenken über Krankheit verwurzelt: Ohne Angst und Krankheit wäre mein Leben ohne Ruder gewesen.

Edvard Munch, Notiz, 1930

an der Technischen Hochschule in Kristiania auf, bricht es jedoch nach kurzer Zeit ab. Mit siebzehn Jahren notiert er in sein Tagebuch: „Meine Bestimmung ist es nun, Maler zu werden." Im Dezember 1880 wird er an der königlichen Zeichenschule in Kristiania aufgenommen, ist jedoch von der akademischen Enge enttäuscht und bleibt weitgehend Autodidakt.

Aufgrund der, wie er später schreibt, von seinen Eltern geerbten Krankheitsanlagen hätte Munch es als Verbrechen angesehen, eine Ehe einzugehen und selbst Kinder zu haben. Umso mehr bilden Erinnerungen aus Kindheit und Jugend Zeit seines Lebens eine zentrale Quelle für seine Kunst. Hier zeigt sich Munchs auffallend große Empathie für das Wesen des Kindes. Die Geschwister gehören zu seinen ersten Modellen. Ihre Bildnisse zeugen von einer eindringlichen und sicheren Auseinandersetzung mit der Persönlichkeit der Dargestellten. Munchs zahlreiche Darstellungen von Kindern und Jugendlichen zeichnen sich durch genaue Beobachtung und Wiedergabe feiner Nuancen der Körpersprache und des Ausdrucks inneren Erlebens aus – von existenzieller Angst über Erstaunen bis zu ausgelassener Freude, etwa im Wasser. Anders als in der Kunst seiner nordischen Zeitgenossen üblich, fehlen Motive mütterlicher Geborgenheit bei Munch fast gänzlich. Die Kinder in seinen Bildern sind keine unmündigen, niedlichen Wesen, die in einer behüteten Welt gehegt und von den Schicksalsschlägen des Lebens ferngehalten werden, sondern authentische Individuen, die noch wenig von festen Erwartungen und Rollen geprägt sind und die ganze Skala der Emotionen ungefiltert erleben.

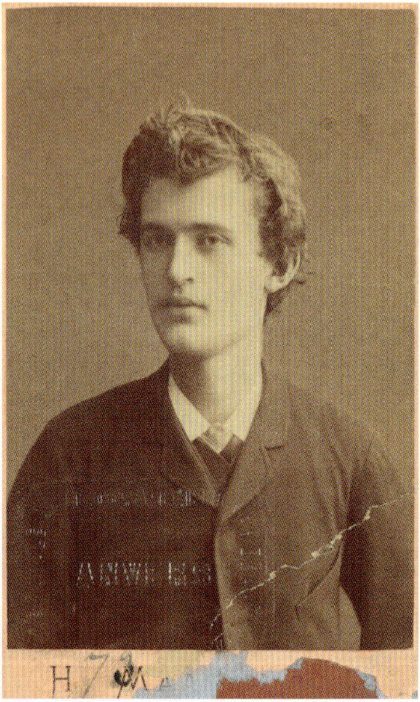

Edvard Munch auf dem Foto der Eintrittskarte zur Weltausstellung in Antwerpen, 1885

Der Kuss – Ein warmer Regen fiel – meine Hände umfassten ihre Taille – sie kommt langsam nah – zwei große Augen in meinen – eine feuchte Wange gegen meine – meine Lippen sanken in ihre.

Edvard Munch, Skizzenbuch, 1903/04

SCHREIBE DEIN EIGENES LEBEN! – DIE KRISTIANIA-BOHEME

1882 mietet Munch mit sechs anderen jungen Künstlern ein Atelier im Zentrum Kristianias. Im selben Jahr lernt er den um elf Jahre älteren und bereits renommierten Maler Christian Krohg kennen, der Munchs Talent erkennt und ihn fördert. Krohg, dessen Kunst sich gerade vom Naturalismus zu einem radikalen gesellschaftskritischen Realismus entwickelt, wird Munchs wichtigster Lehrer. In einem Brief an Jens Thiis, den Direktor der Osloer Nationalgalerie, von 1933 schreibt er rückblickend: „Wir bewunderten Krohg und es war wohl er und [Hans] Heyerdahl, von denen ich am meisten gelernt habe. Es war ganz natürlich, dass wir von den [aus Frankreich] zurückgekehrten Malern, die die neue Kunst auf ihren Flügeln trugen, lernten." Durch Krohg bekommt Munch Zugang zur sogenannten Kristiania-Boheme, einem Kreis von Autoren und Künstlern, darunter einige Frauen, der sich im Grand Café am zentralen Boulevard der Stadt trifft. Die führende Person des Kreises ist der Autor Hans Jæger, den

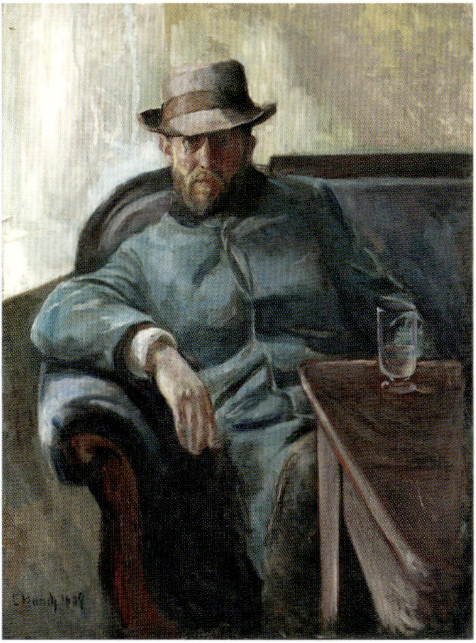

Hans Jæger, 1889, Öl auf Leinwand, 109 × 84 cm

Munch 1889 als verwegenen Dandy porträtiert. Themen wie politische und soziale Freiheit, antiklerikales und freigeistiges Denken, moralische Grundwerte, sexuelle Freiheit und die sogenannte Frauenfrage werden hier – symptomatisch für das parlamentarische Norwegen – deutlich früher diskutiert als anderswo in Europa.

1883 stellt Munch erstmals ein Gemälde in einer Gruppenausstellung aus und nimmt an der **Herbstausstellung*** teil, die unter anderen von Krohg und Frits Thaulow als Protest gegen konservative Strukturen im Kunstbetrieb erst im Vorjahr ins Leben gerufen wurde. Thaulow lädt Munch im folgenden Sommer zur Teilnahme an seiner informellen Freiluftakademie auf ein Gut außerhalb der Hauptstadt ein, wo Munch mit den Ideen des Impressionismus und der sogenannten Stimmungsmalerei in Berührung kommt. 1885 wird eines seiner Gemälde zusammen mit anderen norwegischen Werken auf der Weltausstellung in Antwerpen gezeigt. Die Familie verbringt den Sommer in Borre, in der Nähe von Åsgårdstrand am westlichen Ufer des Oslofjordes. Hier kommt es zu einer intensiven Affäre zwischen dem 22-jährigen Künstler und der drei Jahre älteren verheirateten Milly Thaulow. Die Schwägerin von Frits Thaulow

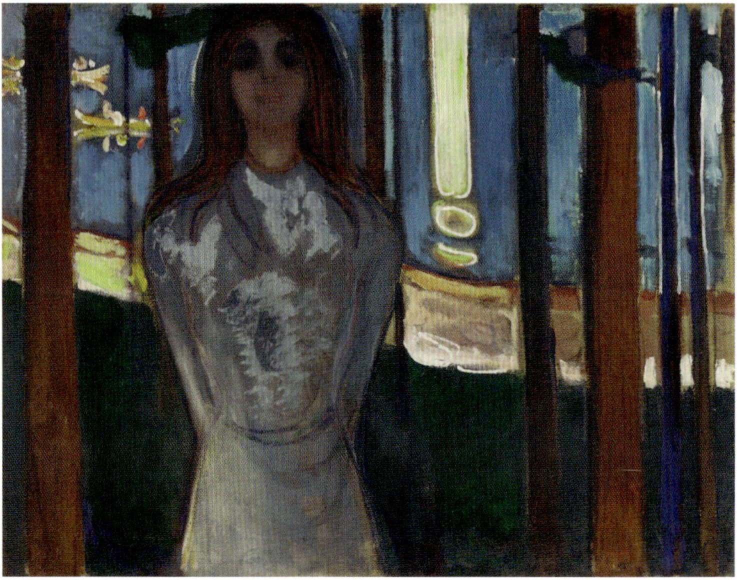

Sommernacht. Die Stimme, 1896, Öl auf Leinwand, 90 × 119,5 cm

ist Schauspielerin und eine Dame der Gesellschaft in der Hauptstadt. Wie Tod und Krankheit in der Familie wird diese Erfahrung von Anziehung und Sexualität sein Leben lang eine Inspiration für seine Kunst bleiben. Die Affäre findet in zahlreichen Bildern wie etwa *Sommernacht. Die Stimme* (1896) oder etwa in einem Prosagedicht von 1893 ihren Niederschlag: „Deine Augen sind so groß wie der halbe Himmel, wenn du nahe bei mir stehst und in deinem Haar ist Goldstaub und deinen Mund sehe ich nicht – sehe bloß, dass du lächelst."

Hans Jægers Aufforderung, „sein eigenes Leben zu schreiben", bildet fortan eine wichtige Konstante nicht nur in Munchs Kunst, sondern auch in seiner schriftlichen Produktion. Schreiben ist für Munch Zeit seines Lebens sowohl ein essenzieller Bestandteil seiner Kommunikation mit der Außenwelt als auch Medium der Reflexion über Kunst, über sein Weltbild

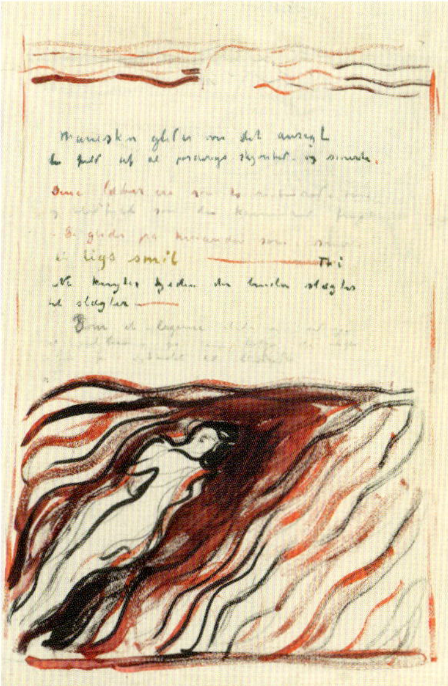

Die Welle, Illustration zum handgeschriebenen Text „Mondschein gleitet über dein Gesicht“, um 1896, Gouache und Bleistift, 61,8 × 47,3 cm

und sich selbst. In seinen Schriften wird man auch zu zahlreichen Themen, Motiven oder Phänomenen seiner Kunst fündig. Neben einer Vielzahl von Briefentwürfen finden sich etwa lebensanschauliche Texte, Prosapoesie, Dramaentwürfe oder Plädoyers gegen Kritiker. Munchs Texte zum kreativen Prozess, zur Rolle der Kunst oder zum Verhältnis zwischen Natur und Kunst, Mann und Frau oder Mensch und Universum zeigen seine enge Verbindung mit avantgardistischen Ideen von Autoren seiner Generation. Am Anfang steht dabei der Einfluss der Kristiania-Boheme. Später macht ihn etwa der dänische Poet Emanuel Goldstein mit der Dichtung des französischen Symbolismus vertraut, die ihm dabei hilft, eine eigene Kunstphilosophie zu formulieren.

Eine Besonderheit innerhalb Munchs schriftlicher Produktion nehmen Notizbuchseiten oder Einzelblätter ein, in denen er Text und Zeichnung oder Text und Farbe kombiniert, wie etwa *Die Welle* um 1896 zeigt. Sie bieten einen einmaligen Einblick in den kreativen Prozess der Entwicklung von Motiven aus eigenen Erlebnissen und Gedanken. Hier wird sichtbar, wie Munch seine Bildideen im wechselseitigen Dialog zwischen Schreiben, Zeichnen, Malen, Drucken und zeitweise Fotografieren heranwachsen lässt. Dabei zieht er die Kombination der Reinkultur der Medien vor. So kombiniert er etwa immer

> **Ein Jahr lang kratzte ich das Bild weg, löste die Farben auf und versuchte wieder und wieder, den ersten Eindruck einzufangen.** Edvard Munch, Notiz, 1928/29

wieder Ölmalerei mit Kohlezeichnung, Aquarell mit Pastell, **Lithografie*** mit Buntstift oder Tuschzeichnungen mit Text.

FRÜHES SCHLÜSSELWERK: DAS KRANKE KIND

1885/86 entsteht das Gemälde *Das kranke Kind*, das Munch rückblickend als eines seiner wichtigsten Werke bezeichnet. Er notiert 1928: „Mit Das kranke Kind erschloss ich mir neue Wege – das war ein Durchbruch in meiner Kunst. – Das meiste davon, was ich später gemacht habe, wurde in diesem Bild geboren.“ Motivisch verwandte Bilder wie Krohgs Gemälde *Krankes Mädchen* von 1881 zeigen, dass das dem Tod geweihte junge Mädchen derzeit durchaus ein beliebtes Thema ist, an dem Munch sich orientiert. Doch geht es ihm nicht um die Dokumentation gesellschaftlicher Schicksale. „Ich suchte in meinen Erinnerungen“, so notiert er 1928/29 rückblickend, „nach dem ersten Bild – dem ersten Eindruck – und versuchte diesen zurückzugewinnen.“ Indem er das eigene Fühlen künstlerisch auf eine allgemeine Ebene hebt, macht er es für den Betrachter zeitlos zugänglich. Dazu malt er das Bild wieder und wieder in zahlreichen Schichten übereinander. Spuren des Schaffensprozesses sind deutlich erkennbar, und die Bildoberfläche, in die Munch immer wieder mit dem spitzen Ende des Pinsels kratzt, ist in weiten Teilen ungegenständlich. Am Ende entsteht auf diese Weise eine dicke, krustige Farbhaut in schmutzigen Grün-, Grau- und Rottönen. Es ist besonders diese

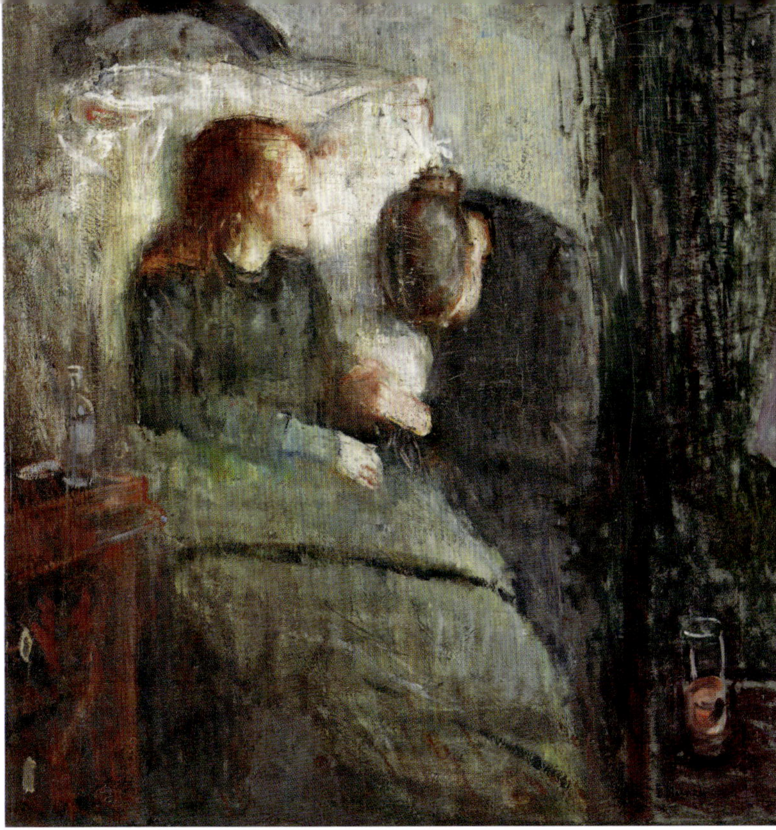

Das kranke Kind, 1916, Öl auf Leinwand, 140 × 107 cm

Ein blasses, rothaariges Mädchen sitzt, gestützt von einem weißen Kissen, im Bett. Während es den Kopf gehoben hat, ist die Frauengestalt neben ihr in sich zusammengesunken, sodass es scheint, als würde die Mutter von der Kranken getröstet werden. Vom Tod seiner Schwester Sophie inspiriert, geht es Munch nicht darum, ihr tragisches Sterben zu dokumentieren, sondern das mit dem Ereignis verbundene Gefühl aus seiner Erinnerung möglichst unverfälscht auf die Leinwand zu bringen. Ein Bild ist für ihn kein Raum für die Nacherzählung einer biografischen Geschichte, sondern eine Fläche, auf der ein erinnertes Gefühl in Malerei übersetzt wird.

Farbstruktur, die in der Künstlerschaft und der konservativen Presse der Hauptstadt einen Sturm der Entrüstung auslöst und Munch mit einem Schlag zum Enfant terrible der Kunstszene in der norwegischen Hauptstadt macht.

Die Wiederholung desselben Motivs auf einer oder mehreren Leinwänden ist eines der Merkmale von Munchs künstlerischer Praxis. Verkauft er ein Bild, so malt er oft eine neue Version. Grund dafür ist weniger der rasche ökonomische Gewinn als vielmehr die für ihn notwendige Präsenz bestimmter Werke. Munch bezeichnet seine Bilder als seine Kinder, die er stets in großer Zahl als Quelle der Inspiration um sich versammelt. *Das kranke Kind* entsteht zwischen 1885 und 1927 in fünf Versionen. Daneben malt er etwa eine Reihe von Varianten zu *Der Kuss*, *Melancholie* oder *Mädchen auf der Brücke*. Es handelt sich nicht um Kopien, sondern um eigenständige Werke, die eine Idee weiterentwickeln. Wenn er 1894 von *Madonna* oder 1916 von *Vampir* jeweils fünf Variationen in dichter Folge malt, so wird hier ein Prozess greifbar, in dem Munch das Bildmotiv einerseits variiert, andererseits intensiviert.

Mann und Frau im Bett (Saint-Cloud), 1890, Tinte, 30,2 × 28,5 cm

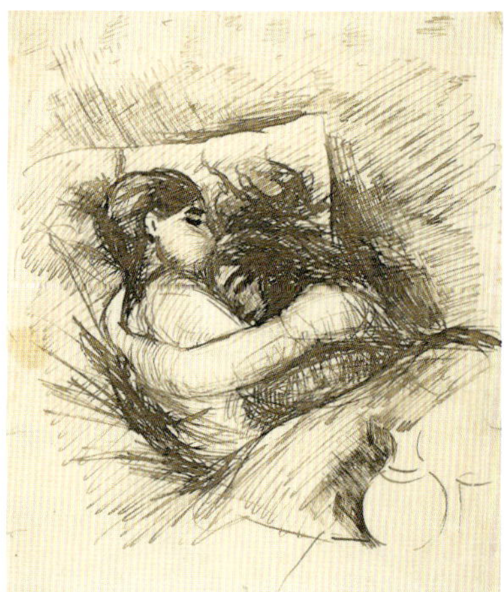

Neue Horizonte: Frankreich und Deutschland

IN DER KUNSTHAUPTSTADT PARIS

In den 1880er-Jahren zieht es zahlreiche nordische Künstler nach Frankreich. Munchs erste Reise in die französische Hauptstadt wird 1885 von seinem Freund und Malerkollegen Frits Thaulow finanziert. Er studiert Alte Meister im Louvre und besucht den Salon, die jährlich stattfindende Megaschau der offiziellen französischen Kunst. Nachdem er 1888 in Kopenhagen eine umfassende Ausstellung mit moderner französischer Malerei gesehen hat, reist er anlässlich seiner Teilnahme an der norwegischen Sektion auf der Weltausstellung im Sommer 1889 erneut nach Paris. Dieses Mal bleibt er länger. Im Winter schreibt er sich an der akademisch geprägten Privatakademie des Salonmalers Léon Bonnat als Student ein, die er aber bereits nach wenigen Monaten wieder verlässt. Bis zum Frühjahr 1892 lebt und arbeitet er über längere Zeit hinweg in Frankreich, und mehrfach zieht es ihn nach Nizza an die Côte d'Azur. In einem Brief an Emanuel Goldstein von 1991 lässt er angesichts seines ersten Blicks auf das Mittelmeer seiner Begeisterung freien Lauf, gibt aber gleichzeitig auch zu verstehen, wie einsam er in Frankreich ist. Finanziert werden die Aufenthalte durch ein Förderstipendium des norwegischen Staates, das er ab 1889 drei Mal in Folge erhält. Die Nachricht vom Tod seines Vaters, die er in Paris erhält, trifft ihn schwer. Gleichzeitig stellen sich erste Erfolge ein. 1889 arrangiert Munch seine erste Einzelausstellung in Kristiania mit 63 Gemälden und ist dort im folgenden Jahr mit zehn Bildern an der Herbstausstellung beteiligt. Auch wenn er nur wenige Motive aus der Welt der Casinos oder des Tingeltangels in seinen Gemälden und Druckgrafiken aufgreift, so füllt Munch in Paris 1889 bis 1892 doch ganze Skizzenbücher mit schnapp-

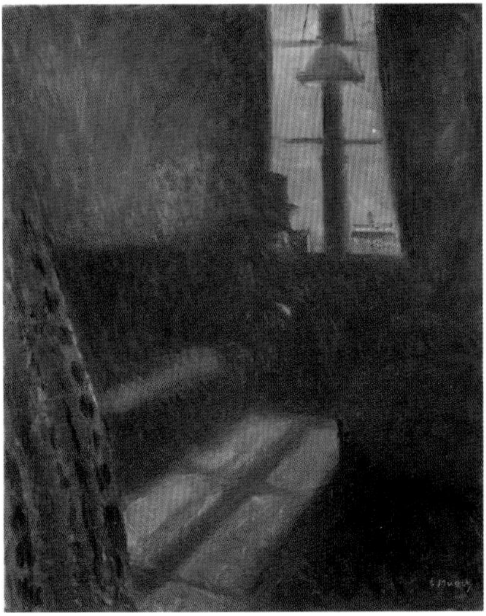

Nacht in St. Cloud, 1892/93,
Pastell auf Leinwand, 73 × 69 cm

schussartigen Szenen aus Cabarets, Bars und Cafés, die nach der Rückkehr ihre Fortsetzungen im mondänen Grand Café der norwegischen Hauptstadt finden.

Inspiriert durch Künstler wie Henri de Toulouse-Lautrec, Paul Gauguin, Vincent van Gogh und Georges Seurat, deren Kunst er in verschiedenen Pariser Ausstellungen sehen konnte, tauchen in Munchs Malerei 1890/91 impressionistische und postimpressionistische Stilelemente auf. Es ist symptomatisch, dass Munch die impressionistische Farbstruktur mit kommaartigen kurzen Pinselstrichen nicht etwa zur Darstellung von sonnendurchfluteten Gärten nutzt, sondern im düster-melancholischen Nachtinterieur *Nacht in Saint-Cloud* (1890) oder der *Nacht in Nizza* von 1891 anwendet, dem ersten Munch-Gemälde, das die Osloer Nationalgalerie im selben Jahr kauft. Munchs stilistische und motivische Ausflüge in den französischen Impressionismus sind nur von kurzer Dauer. Zwar lässt er sich von Gustave Caillebotte zu einigen impressionistisch aufgelösten Balkonaussichten auf die Rue Lafayette und die Rue de Rivoli inspirieren, weitaus wichtiger scheint jedoch sein Kontakt mit der Kunst von Henri de Toulouse-Lautrec zu sein. Munch schreibt 1910 in einem Brief an Ludvig Ravensberg rückblickend über den Franzosen: „[...] doch [stößt] man hier und dort in dem Blick einer Frau oder eines Mannes auf einen Ausdruck, den man nie wieder vergisst [...].“

Die Zeit in Frankreich gibt Munch einen breiten Überblick über die modernen Strömungen wie den Neoimpressionismus und den beginnenden Symbolismus sowie ein großes Repertoire an künstlerischem Handwerkszeug.

Munch hält sich zwar 1895 und 1896 bis 1898 erneut längere Zeit in Paris auf, wo er etwa an der Ausstellung des Salon des Artistes Indépendants teilnimmt, doch findet die entscheidende Entwicklung seiner Kunst fortan in Deutschland statt, ohne dass Munch dies geplant hätte. Am Anfang steht ein Zufall. Wie es genau dazu kommt, dass der in Deutschland völlig unbekannte Künstler 1892 vom erzkonservativen **Verein Berliner Künstler*** eine Einladung zu einer Einzelausstellung bekommt, lässt sich heute kaum mehr genau klären. Sicher ist jedoch, dass Deutschland in den folgenden sechzehn Jahren Mittelpunkt für Munchs künstlerische Entwicklung ist.

DER BERLINER SKANDAL UND DAS SCHWARZE FERKEL

In der Kunst der boomenden Hauptstadt des deutschen Kaiserreiches dominiert ein Antimodernismus, der in der theatralisch-virtuosen Historienmalerei eines Anton von Werner seinen bekanntesten Vertreter hat. In diesem Milieu entstehen in den 1890er-Jahren Munchs berühmteste Werke, hier findet er seine wichtigsten Förderer und erlebt seinen Durchbruch. Schuld daran hat, wenn man so will, der deutsche Kaiser Wilhelm II., der regelmäßig mit seiner Jacht in die norwegischen Fjorde zieht, um den Wurzeln germanischer Kultur nachzuspüren. Wissend um dessen Norwegenbegeisterung wird der Vorschlag, den jungen Munch zu einer Ausstellung einzuladen, vom Vorstand des Vereins Berliner Künstler offenbar ohne weitere Prüfung akzeptiert. Was das Berliner Publikum

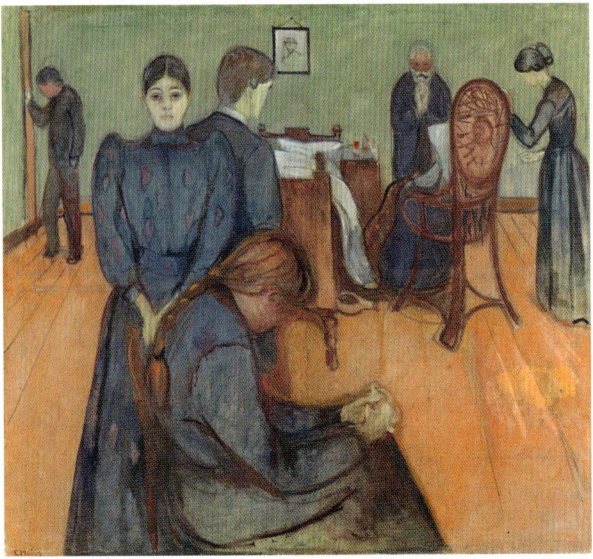

Der Tod im Krankenzimmer, 1893, Tempera und Fettstift auf Leinwand, 152,5 × 169,5 cm

allerdings dann am 5. November 1892 zu sehen bekommt, wird die Kunst der Moderne nachhaltig verändern. Munch zeigt in seiner bis dahin umfangreichsten Ausstellung Werke wie *Das kranke Kind* (1885/86), *Melancholie. Abend* (1891), *Kuss am Fenster* (1892) oder *Kranke Stimmung bei Sonnenuntergang. Verzweiflung* (1892), der Vorläufer von *Der Schrei* (1893). Kaum ein anderes Kunstereignis der Kaiserzeit wird in den Feuilletons so leidenschaftlich diskutiert. Die Munch-Affäre oder „Der Fall Munch“, wie es in zahllosen deutschen Zeitungen heißt, spielt eine Schlüsselrolle in der Geschichte der Moderne in Deutschland. Der Skandal ist perfekt, als die Ausstellung nach einer Woche geschlossen wird. Munch erkennt das Marketingpotenzial des Skandals sofort und sendet seine Ausstellung umgehend nach Düsseldorf und Köln, bevor er sie erneut in Berlin zeigt.

Noch im Dezember 1892 siedelt er ganz nach Berlin über. Dort findet er rasch Zugang zu einer von Skandinaviern geprägten

Unglaublich, dass etwas so Unschuldiges wie Malerei einen solchen Aufruhr erwecken kann.

Edvard Munch in einem Brief an Karen Bjølstad, 1892

radikalen Boheme, die in der Kneipe Zum schwarzen Ferkel, Ecke Unter den Linden / Neue Wilhelmstraße, ihre Basis hat. Neben August Strindberg gehören der Gruppe unter anderen die Schriftsteller Richard Dehmel und Stanisław Przybyszewski, der Dichter Holger Drachmann sowie die Künstler Gustav Vigeland und Akseli Gallen-Kallela an, mit dem er 1895 gemeinsam in Berlin ausstellt. Eine der wenigen Frauen des Kreises ist die geradezu mythisch verehrte norwegische Dichterin Dagny Juel, Prototyp einer radikal selbstbewussten modernen Frau am Ende des 19. Jahrhunderts. Sofern man nicht gerade leidenschaftlich die schöpferischen und destruktiven Kräfte der Liebe zwischen den Geschlechtern debattiert, werden hier die Philosophen Nietzsche und Schopenhauer, die neuesten literarischen und künstlerischen Strömungen, esoterische Ideen und naturwissenschaftliche Entdeckungen diskutiert. Im Milieu des Schwarzen Ferkels findet Munch sein geistiges Zuhause, in dem er seine wichtigsten Themen und Motive der 1890er-Jahre entwickelt und in rascher Folge zahlreiche seiner Hauptwerke schafft.

DIE IKONEN DER 1890ER-JAHRE

Die inneren Widersprüche der bürgerlich-konservativen Gesellschaft des deutschen Kaiserreichs am Ende des 19. Jahrhunderts sind der ideale Nährboden für Munchs Kunst der 1890er-Jahre. Unter der zivilisierten Oberfläche der Gesell-

Die Besten Deutschlands, die ganze schöpferische Literatur um die Jahrhundertwende, verfielen damals dem magischen Zauber des Nordens. [...] Ein Neuland der Seele, einen Urquell noch ungeahnter Probleme.

Stefan Zweig im Nachwort zu *Niels Lyhne* des dänischen Schriftstellers Jens Peter Jacobsen, 1925

schaft legt er beängstigende Wahrheiten frei. Instinktiv scheint er Angst vor dem Verlust der Kontrolle und natürlicher Zugehörigkeit wahrzunehmen, was immer mehr Bereiche der Gesellschaft erfasst. Munchs Bilder der 1890er-Jahre sind keine anekdotischen Schnappschüsse, sondern Zustandsbilder. Er konfrontiert uns mit stummen Individuen, die unwillkürlich unsere Reaktion herausfordern. Indem er emotionale Zustände ins Zeitlose überführt, lässt er den Betrachter im Inneren seiner Figuren wie in einem offenen Buch lesen und seine Kunst zum Spiegelbild seiner eigenen Emotionen werden.

Munch ist nicht der Einzige, aber im Vergleich mit den gleichaltrigen Gustav Klimt und Franz von Stuck einer der radikalsten Vertreter eines neuen, kompromisslosen Subjektivismus. Freuds Psychoanalyse öffnet unbekannte und unermessliche Perspektiven auf die Abgründe des Ich und die Spannung zwischen den Geschlechtern. Ehemals feste Strukturen lösen sich auf, vermeintlich unverrückbare Grenzen der Individualität und Sexualität werden verwischt. Zum ersten Mal wird ausgesprochen, was jahrhundertelang tabu war. Unterdrückte Instinkte werden zugelassen, das moderne Individuum beginnt sich als wild, ursprünglich und mythisch neu zu entdecken. Ab 1892 ist Munchs individuelle Bild- und Formensprache ausgereift und drückt diese Inhalte auf ganz eigene Weise aus. Fließende Linien erzeugen organische Formen in einer souverän beherrschten Bildarchitektur, ohne jemals dekorativ zu erstarren. So wie moderne Romanfiguren nun nicht mehr von außen, sondern aus einer subjektiven Innensicht beschrieben werden, malt Munch gleichsam in der Ich-Form. Mit den ikonischen Werken, die er später unter dem Titel *Lebensfries* zusammenfasst, schafft er in den 1890er-Jahren universelle Formeln für existenzielle Gefühle und Lebenserfahrungen und nicht zuletzt Gemälde, die heute zu den Ikonen der Moderne gehören.

Dabei dominieren drei zentrale Themenbereiche: Angst als Ausdruck der existenziellen Verunsicherung des Individuums, Eifersucht, die den Abgrund beschreibt, der sich zwischen der gesellschaftlichen Vorstellung von Männlichkeit und einer Wirklichkeit auftut, in der sich die moderne Frau nicht mehr als Trophäe des Mannes versteht. Schließlich Einsamkeit, allein oder in der Menge, mit der Munch den einzelnen Menschen in seiner Isolation oder Melancholie als orientierungslosen Spielball rätselhafter Kräfte darstellt. Doch sind es nicht allein die Masken, die klaustrophobischen Räume oder bedrohlichen Schatten, die den Betrachter angesichts der Werke ergreifen, sondern auch die Art seiner Malerei. Das bewusst Unfertige und die beabsichtigte Sichtbarkeit des kreativen Prozesses sind wesentliche Elemente, die seiner Kunst Authentizität verleihen.

DER LEBENSFRIES – LIEBE, LEBEN UND TOD IN 22 BILDERN

1893 verbindet Munch in einer weiteren Berliner Ausstellung die sechs kurz zuvor entstandenen Werke, darunter *Kuss am Fenster* (1892), *Sommernachtstraum. Die Stimme* und *Vampir* (beide von 1893), unter dem Titel *Studie zu einer Serie*: Die Liebe an einer Wand zu einer Reihe. Diese Zusammenstellung

Rahmen: Goldornament oder Holzleiste?

Einen einheitlichen Rahmen-Trend gibt es nach 1900 nicht mehr: Von opulenten historistischen Stuckrahmen mit Blattgoldauflage über ornamentale Jugendstilrahmen bis hin zu einfachen Holzleisten ist alles möglich. Die Fotodokumentation zahlreicher Ausstellungen, in die Munch direkt oder indirekt involviert war, gibt einen guten Überblick darüber, wie er seine Werke rahmt. Entweder nutzt er schlichte, meist hell gestrichene oder naturbelassene Leisten ohne jegliche Ornamentik oder belässt seine Werke ganz ohne Zierrahmen. Diese Wahl trifft er offenbar nicht aus Kostengründen, sondern ganz bewusst. Atelier- und Ausstellungsfotos der Zeit nach 1902, in der er sich teure Rahmen hätte leisten können, zeigen nie verzierte Goldrahmen. Darüber hinaus ist dokumentiert, dass der Künstler die 22 Gemälde zum *Lebensfries* 1903 in Leipzig ganz ohne Rahmen hinter einer weißen Leinwandbahn mit ausgeschnittenen Öffnungen für die Bilder präsentiert hat.

Doch warum haben dann zahlreiche seiner Werke nach dem Ankauf durch Museen oder private Sammler ornamentierte goldene Rahmen bekommen? Munchs Gemälde in der norwegischen Nationalgalerie glänzen seit jeher in opulenten historistischen Rahmen. Grund dafür dürfte sein, dass man Munchs damals in seiner Heimat noch umstrittenen Kunst eine kunsthistorische Legitimation verleihen wollte. Geadelt durch Goldrahmen, sollte er möglichst rasch zum Teil des etablierten norwegischen Kunst-Kanons werden.

Eine neue Sichtweise zeigt sich erst 1950 in der großen Munch-Ausstellung im Museum of Modern Art in New York. Hier sind alle Werke, sogar die, die zuvor und nachher in ihren Heimat-

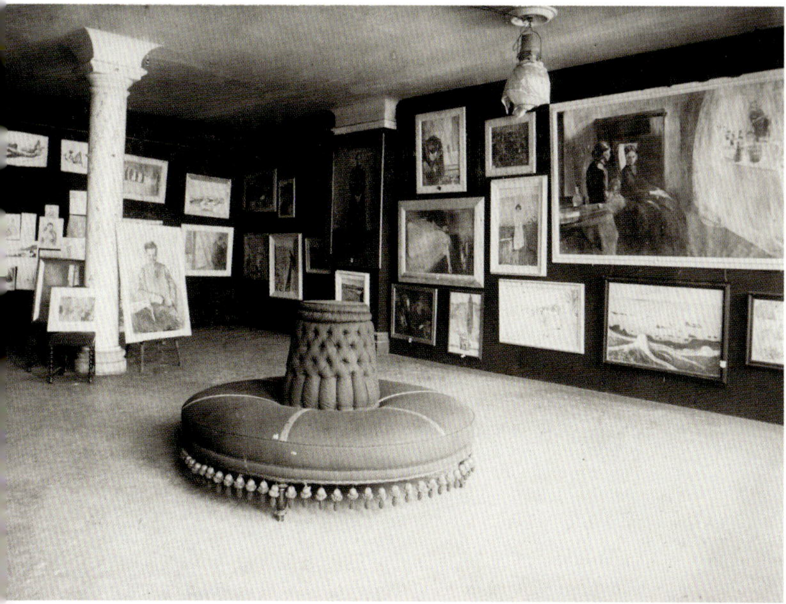

Munch-Ausstellung im Equitable Palast, Berlin 1892

museen in Goldrahmen präsentiert werden, mit schmalen hellen Leisten gerahmt – eine Idee, die heute wieder aktuell ist. Im Zuge der Vorbereitungen zum Umzug in das neue Munch-Museum im Osloer Hafen wurde 2016 ein Forschungs- und Entwicklungsprojekt zu Munchs Rahmen gestartet. Das Resultat sind Rahmen, die aussehen wie Munchs Originalrahmen auf den historischen Fotos, technisch jedoch modernsten Sicherheitsstandards entsprechen. Auf einem stabilen Metallrahmen, der das Gemälde und ein spezielles Sicherheitsglas trägt, ist eine abgerundete, hell lasierte Holzleiste montiert, die auf den ersten Blick dem Typ von Munchs schlichten Rahmen entspricht, sich aber bei genauerem Hinschauen als Kaschierung des High-tech-Rahmens entpuppt.

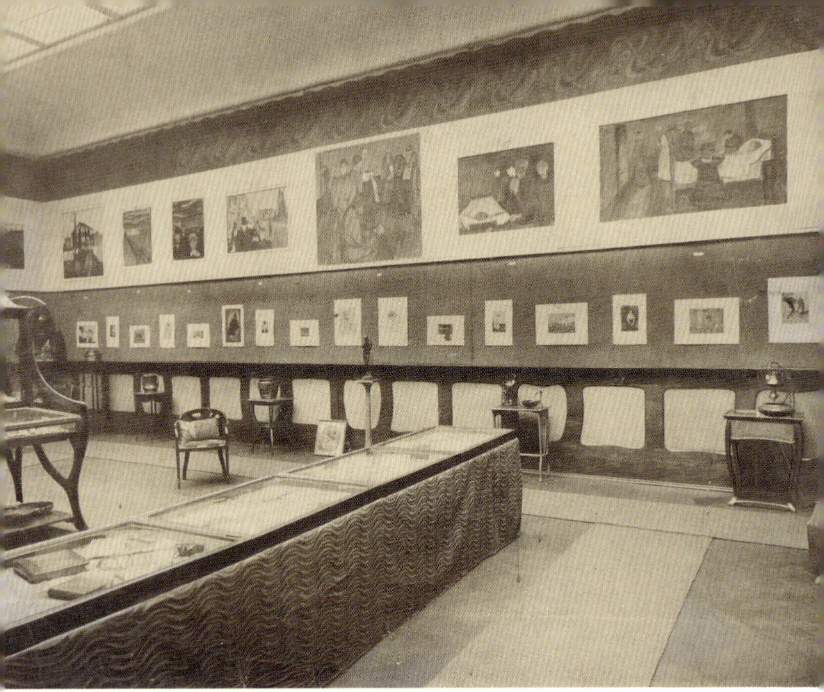

Munch-Ausstellung mit dem *Lebensfries* bei Beyer & Sohn, Leipzig 1903

einzelner Bilder zu einem geschlossenen Narrativ ist der Beginn seines wohl wichtigsten Projektes, das heute als *Lebensfries* bekannt ist und viele seiner ikonischen Werke der 1890er-Jahre vereint. Die endgültige Reihe von 22 Motiven stellt er erstmals 1902 in Berlin unter dem Titel *Bilder vom Leben* aus, zu denen auch *Asche* (1895) gehört.

Munchs Arbeit mit dem *Lebensfries* gleicht einem lebenslangen dynamischen Prozess ohne Anfang und Ende. Auf den ersten Blick sind die Werke weder aufgrund ihrer Größe noch einer linearen Erzählung erkennbar zusammengehörig. Format, Farbstruktur und dargestellte Personen variieren von Bild zu Bild. Was den **Fries***, den Munch später als „Dichtung über Leben, Liebe und Tod" bezeichnet, dennoch zusammenhält, ist die

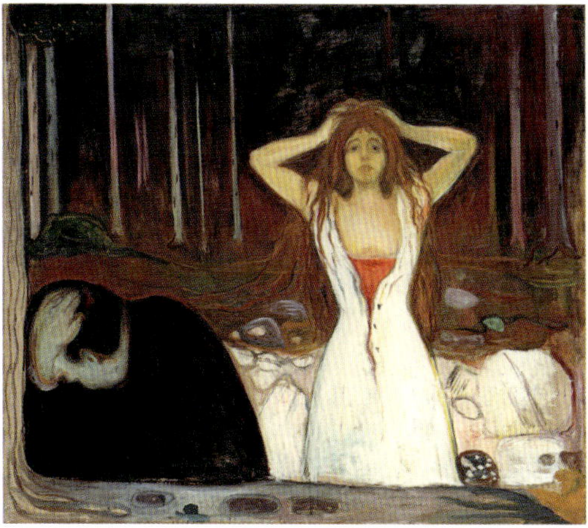

Asche, 1895,
Öl auf Leinwand,
120,5 × 141 cm

Folge einschneidender Stationen einer tragischen Liebe. Korrespondierend mit den vier Wänden des Berliner Ausstellungssaals, unterteilt er die Bilder in die Abschnitte „Keimen der Liebe“, in dem sich die Liebenden begegnen, „Blühen und Vergehen der Liebe“ mit Motiven zu den Themen Begierde und Konflikt, die den Mann als unterlegen darstellen, „Lebensangst“, der den Gegensatz zwischen Gesellschaft, Religion und vereinzeltem Individuum beleuchtet, und schließlich „Tod“, mit mehreren Sterbeszenen und dem von Albrecht Dürers berühmten Kupferstich *Adam und Eva* von 1504 inspirierten Gemälde *Stoffwechsel. Leben und Tod* (1898/99), mit dem der Kreislauf sowohl endet als auch neu beginnt. Die grundlegend düstere Stimmung des Frieses signalisiert, dass der Mensch von Kräften getrieben wird, die er weder versteht noch beherrscht.

1903 montiert er den Fries erneut in Leipzig hinter einer langen Bahn aus weißem Leinenstoff mit Öffnungen für die Leinwände, die somit stärker als architektonische oder filmische Einheit wahrgenommen werden. Munch hat verschiedene architektonische Entwürfe für den *Lebensfries* und andere Friese geplant und sich intensiv mit dem Bild-Raum-Verhältnis beschäftigt.

Spätere Friese sind der *Linde-Fries* (1904) für den Förderer und Freund Max Linde, den der Auftraggeber jedoch ablehnt, der *Reinhardt-Fries* (1906) für den Pausensaal der Berliner Kammerspiele, dem derzeitigen Theater des Regisseurs Max Reinhard, ferner der monumentale Bilderzyklus für die Aula der Universität in Oslo mit der *Sonne* an der Stirnwand, der ihn 1909 bis 1916 intensiv beschäftigt, sowie der *Freia-Fries* (1922) für die Kantine der Freia-Schokoladenfabrik.

DER SCHREI – MEHR FRAGEN ALS ANTWORTEN

Das zur Maske erstarrte Gesicht der Figur im weltberühmten Gemälde *Der Schrei* (1893) ist längst zum Logo von Munchs Kunst geworden und wohl das einzige Gemälde der Kunstgeschichte, zu dem es ein eigenes Emoji gibt. Allerdings hat Munch das Bild selbst nie als sein Hauptwerk bezeichnet. Es ist das 17. der 22 Bilder des *Lebensfrieses*, gehört aber weder zu den größeren Formaten noch nimmt es einen zentralen Platz im Fries ein. Munch hat zwei Gemäldevarianten, zwei Pastelle sowie Druckgrafiken mit dem Motiv geschaffen. Zu sehen ist eine Figur mit aufgerissenem Mund und an den Kopf gepressten Händen auf einer Straße vor der weiten Landschaft des Oslofjords unter rotem Abendhimmel. Weiter hinten gehen zwei Männer, Segler liegen im fernen Hafen vor der Festung Akershus im Zentrum der Stadt. Was dem Bild bis heute seine unverminderte Kraft verleiht, ist die Art und Weise, *wie* Munch die Situation malt und in Bezug auf den Betrachter instrumentalisiert.

Die Entstehung des Bildes ist eng mit Munchs berühmtem Prosagedicht verbunden, das er bereits 1892 in Nizza schreibt: „Ich stand still an das Geländer gelehnt, todmüde. Über dem blau-

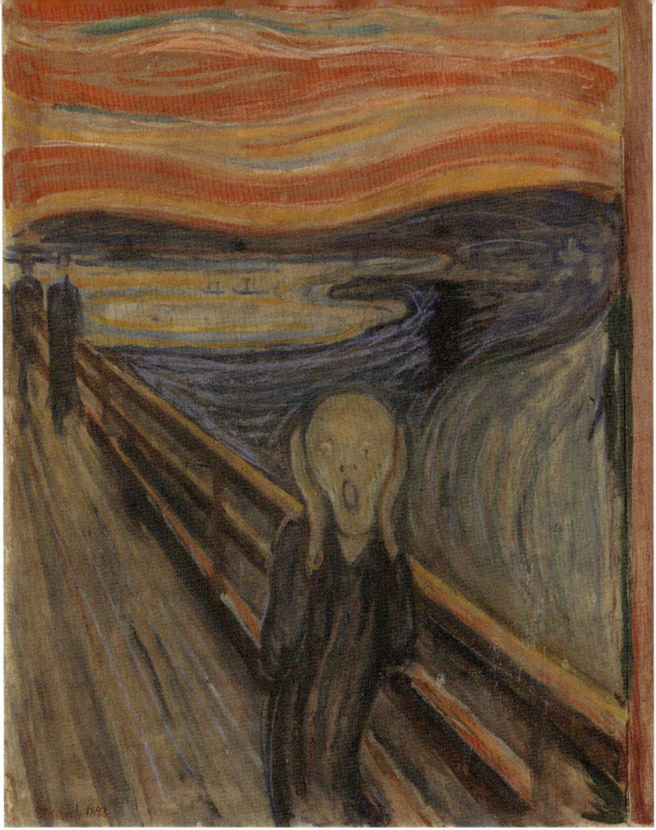

Der Schrei, 1893, Tempera und Farbstift auf Karton, 91 × 73,5 cm

Aufgrund der extremen Fluchtlinien der Straße und des Geländers scheint uns die Figur gleichsam entgegenzugleiten. Hinter ihrem Kopf sieht man die geschwungene Uferlinie mit den Bergen im Hintergrund, über deren Silhouette sich glühende Wolkenbahnen schichten. Von dort aus führen die Wellen des Himmels den Blick zurück zum schmächtigen Leib der Figur. Munch bringt Raum und Fläche zu einer Einheit, die zugleich beängstigende Enge und dramatische Dynamik erzeugt. Die bedrohlich pulsierenden Wellen des Himmels werden zum ohrenbetäubenden Echo der inneren Befindlichkeit der Figur.

Raub, Markt und Medien

Der Ikonenstatus, den Munchs Motiv *Der Schrei* genießt, ist neben seiner künstlerischen Qualität auch oder sogar in erster Linie Resultat der enormen medialen Aufmerksamkeit, die es durch zwei spektakuläre Diebstähle und eine Versteigerung bekommen hat.

Frühmorgens im Februar 1994, am Tag der Eröffnungszeremonie der olympischen Winterspiele in Lillehammer, gelingt es einem Dieb, mit einer langen Leiter unbehelligt durch ein Fenster direkt neben dem Haupteingang in die Osloer Nationalgalerie einzusteigen und mit der ersten Gemäldeversion des *Schreis* von 1893 unentdeckt zu verschwinden. Nach einem missglückten Versuch, Lösegeld zu erpressen, kehrt das Bild einige Monate später mit geringen Schäden zurück an seinen Platz. 2004 erfolgte der Raub der zweiten Gemäldeversion des *Schreis* von 1910 sowie einer Version der *Madonna* aus dem Osloer Munch-Museum auf wesentlich brutalere Weise mit Schusswaffen während der Öffnungszeit. Dieses Mal kommen die durch eine spektakuläre Flucht stark in Mitleidenschaft gezogenen Werke erst nach zwei Jahren zurück ins Museum, das inzwischen zu einem Hochsicherheitsobjekt umgebaut wurde.

Das vorläufig letzte spektakuläre Medienereignis, das Munchs schreiende Figur im Mai 2012 millionenfach in die Medien bringt, ist die Versteigerung einer Pastellversion des *Schreis* von 1895 bei Sotheby's in New York. Das 79 × 59 cm messende Blatt aus der Sammlung eines norwegischen Reedereierben wechselt für die damalige Rekordsumme von 119,9 Millionen US-Dollar seinen Besitzer und befindet sich heute in einer amerikanischen Privatsammlung.

schwarzen Fjord hingen Wolken, rot wie Blut, wie Feuerzungen. Meine Freunde gingen weiter, und allein – zitternd vor Angst – fühlte ich einen großen, unendlichen Schrei durch die Natur gehen.“ Sowohl Text als auch Bild stellen mehr Fragen, als sie Antworten geben. Warum zittert der Erzähler vor Angst, und was meint er mit der Natur? Die haarlose Figur im Bild im undefinierbaren schwarzen Gewand ist weder Mann noch Frau, weder alt noch jung. Sie scheint zu schreien, während sie sich gleichzeitig die Ohren zuhält. Die lediglich durch einen schwarzen Punkt in einem weißen Kreis markierten Augen fixieren den Betrachter, der somit unwillkürlich zum Teil der Komposition wird. Das Bild erzählt keine Geschichte, sondern konfrontiert uns mit einer unbequemen Situation. Indem Munch die Figur gänzlich entindividualisiert und auf einen extremen körperlichen Ausdruck von Angst, Schmerz und Panik reduziert, bekommt das Bild eine schockierende Allgemeingültigkeit existenzieller Angst per se. Die vermutlich von fremder Hand vor 1904 auf die Rückseite geschriebene Bemerkung „Kann nur von einem Verrückten gemalt worden sein“ unterstreicht die enorme Provokation, die das Bild ausgelöst hat.

Die Entstehungsgeschichte des Bildes zeigt, dass *Der Schrei* nicht etwa in einem genialen Wurf entstand, sondern anhand einer Reihe von jeweils eigenständigen Gemälden und Zeichnungen sorgfältig vorbereitet wurde. Munch arbeitet stets parallel an mehreren Werken und in verschiedenen Medien. Begonnene Bilder bleiben unvollendet, neue kommen hinzu, bevor er erneut auf ältere zurückgreift. Sein enormes Œuvre gleicht einem organischen Gewebe, in dem ein einzelnes Kunstwerk einen Entwicklungszustand in einem dynamischen Prozess markiert.

Selbstbefragung zwischen rastlosem Reisen und Rückzug

MAGIER DER GRAFIK

Gleichzeitig mit den enormen motivischen Innovationen der ersten Jahre in Berlin eröffnet Munch sich auch technisch neue Ausdrucksmöglichkeiten. Im Herbst 1894 druckt er seine ersten **Radierungen***. Erste **Holzschnitte*** und **Lithografien*** folgen rasch. Getrieben von der Idee, mit grafischen Versionen zentraler Gemälde ein breites Publikum zu erreichen, werden die grafischen Techniken für ihn rasch zu Medien, die der Malerei gleichgestellt sind. In den folgenden fünf Jahrzehnten entstehen mehr als 15 000 Blätter von rund 750 unterschiedlichen Motiven. Munchs Bedeutung als Druckgrafiker kann kaum überschätzt werden, ist er doch ohne Zweifel der innovativste und radikalste Vertreter seiner Generation.

Um 1890 erlebt die Druckgrafik in Paris eine Renaissance, die ihm dort bestimmt nicht entgangen ist. Ein wesentlicher Impuls zu dieser Entwicklung kommt aus Japan. Die kontrastreichen und asymmetrischen japanischen Farbholzschnitte begeistern und prägen zahlreiche der nach neuen Formen suchenden europäischen Künstler nachhaltig. Auch Munch lässt sich für seine Holzschnitte von der japanischen Ästhetik inspirieren. Entscheidend für seine erstaunlich breite Produktion ist sein Drang zum Experimentieren. Ohne jegliche grafische Ausbildung schränken ihn keinerlei akademische Regeln ein. So druckt er etwa Farbholzschnitte nicht wie üblich mit einem Stock pro Farbe, sondern nur mit einer Platte, die er wie ein Puzzle in Teile sägt und dann in verschiedenen Farben druckt. Neben solchen Vereinfachungen kombiniert er wie kein ande-

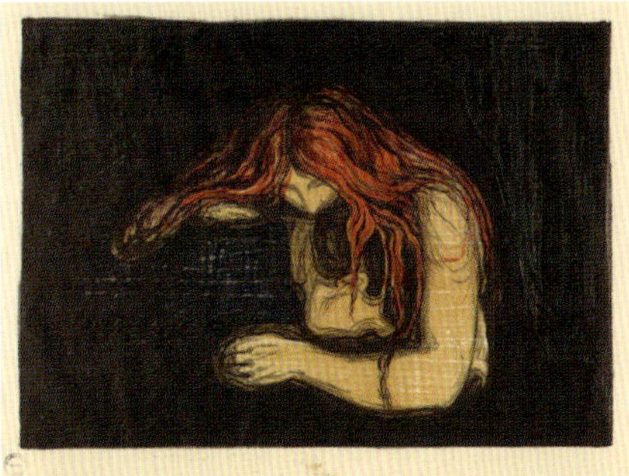

Vampir II, 1895/1902, Lithografie über Holzschnitt, 38,7 × 55,9 cm

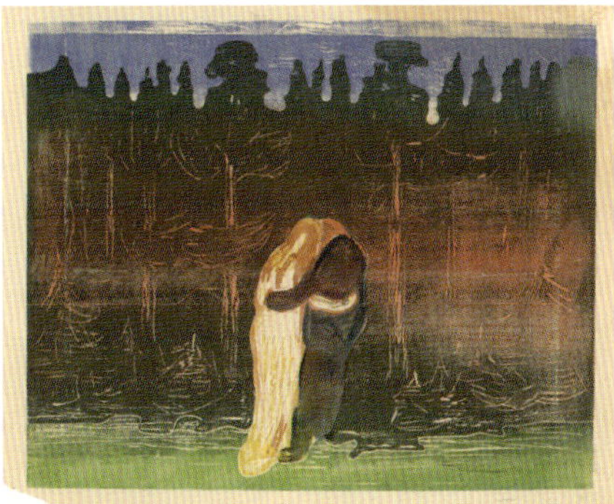

Zum Walde II, 1915, Farbholzschnitt, 49,8 × 65 cm

rer Künstler zuvor verschiedene Techniken. So legt er etwa in *Vampir II* (1895/ 1902) Lithografie und Holzschnitt übereinander, spielt mit farbigen Papieren oder verwischt die Grenze zwischen Auflagenkunst und Original, indem er Lithografien mit Buntstift oder Aquarell bearbeitet. Einmalig und herausragend sind seine Experimente mit verschiedenen Zustandsdrucken und Versionen eines Motivs. Besonders schöne Beispiele dieser Inspirationsfreude sind das Motiv *Junge Frau am Strand* (1896), das er in viele unterschiedliche Farbtöne der Sommernacht taucht, *Eifersucht* (1895), bei dem er die Tuschkolorierung bisweilen über die Lithografie dominieren lässt, die feinfühligen Varianten zu *Das kranke Kind I* (1896) und – vielleicht am beeindruckendsten von allen – die Variationen des Motivs *Zum Walde* von 1897 und 1915, die eine ganze Wand füllen könnten. Hier wird die Maserung des Holzes zu einem wesentlichen Bestandteil des Blattes. Diese innovative Einbeziehung des Zufalls in den künstlerischen Prozess wird er in seiner finalen Auseinandersetzung mit dem Motiv *Der Kuss* (1943/44) fast zur völligen Abstraktion führen.

SELBSTPORTRÄTS UND SELBSTANALYSE

Nach der medialen Aufmerksamkeit gewinnt seine Kunst nun auch an Renommee. 1894 erscheint die erste Munch-Monografie, unter anderem mit Beiträgen von Stanisław Przybyszewski und dem Kritiker Julius Meier-Graefe. 1895 erwirbt die Nationalgalerie in Kristiania das soeben vollendete *Selbstporträt mit Zigarette*. Spätestens mit diesem dämonisch-unheimlichen Spiegelbild des Künstlers als visionärer Outsider tritt die zentrale Bedeutung des Selbstporträts in Munchs Kunst deutlich zutage.

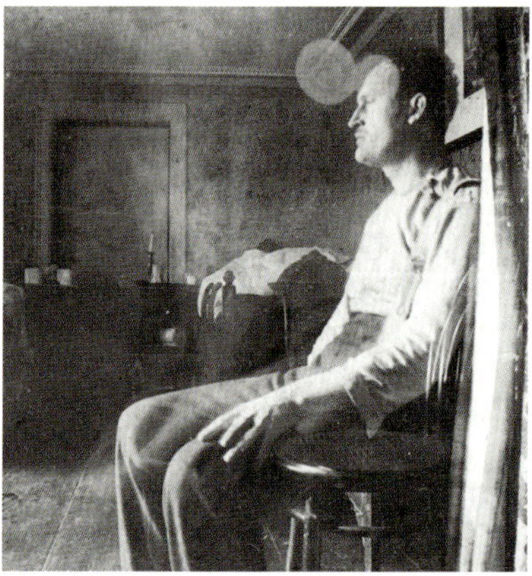

Selbstporträt in einem Zimmer auf dem Kontinent I, um 1906

Munch ist der erste Künstler der Moderne, der ebenso manisch wie schonungslos eine lebenslange umfassende Analyse seiner Seelenzustände durchführt. Neben mehr als siebzig gemalten Selbstporträts existieren zwanzig grafische Selbstbildnisse, zahlreiche Zeichnungen sowie eine Reihe fotografischer Selfies. Überdies schleust er seine eigene Gestalt – erkennbar am markanten Kinn und der kantigen Stirn – in zahlreiche andere Werke ein. So erscheint er etwa in dem 1899/1900 entstandenen Gemälde *Der Tanz des Lebens* als Liebender oder 1907 als hinterrücks von der Geliebten Ermordeter in der Reihe der Gemälde zu *Marats Tod* (1906/07). Die Auseinandersetzung mit dem eigenen Ich dient sowohl der Befragung als auch dem Ausprobieren verschiedener Rollen. Dabei sind es zumeist die

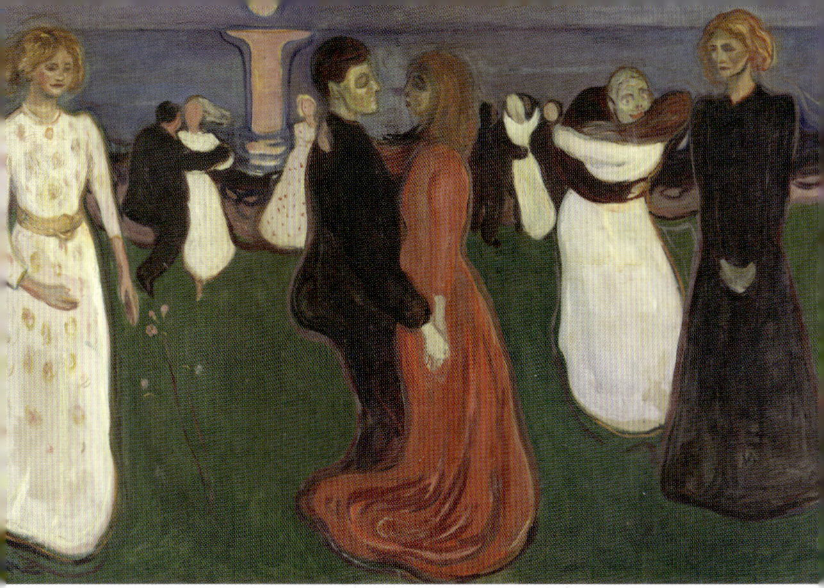

Der Tanz des Lebens, 1899/1900, Öl auf Leinwand, 125 × 191 cm

dunklen Seiten des Lebens – Einsamkeit, Krankheit, Rastlosigkeit oder Alter –, die, aus dem eigenen Erleben geschöpft, ungefiltert zum Ausdruck gebracht werden. Wir treffen den Künstler als mystischen Hellseher mit Zigarette vor dem Spiegel, nackt in einer glühenden Hölle, als einsamen Schlafwandler nachts in seinem leeren Haus, als ausgemergelten nackten Mann vor dem Spiegel, erstarrt hinter seinem Aktmodell oder selbstironisch trotzig im hohen Alter zwischen Standuhr und Bett. Er gibt sich als Mensch in der Krise, unverstandener Einzelgänger und zurückgewiesener Liebhaber. Suchend, fragend oder zweifelnd wendet er die fragile, verletzliche Seite seines Inneren ungefiltert nach außen.

Die Selbstporträts zeigen Munch als Prototypen des modernen Künstlers, der abseits der Gesellschaft stehend danach strebt, aus seinem eigenen Inneren heraus eine tiefere Wahrheit zum Ausdruck zu bringen. Doch muss er nicht erst in Depression

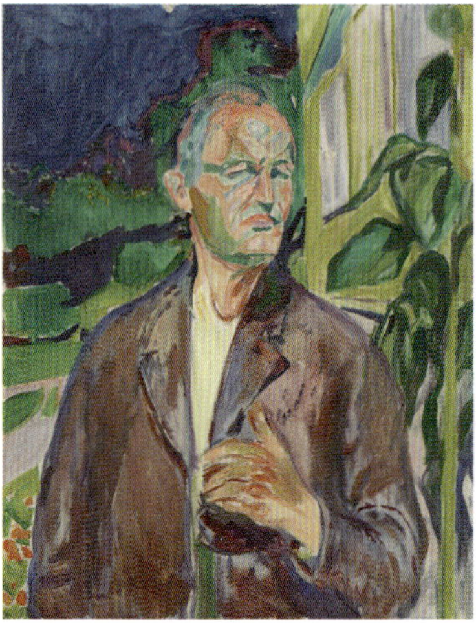

Selbstbildnis vor der Hauswand,
1926, Öl auf Leinwand, 91,5 × 73 cm

verfallen, um tiefen seelischen Schmerz darstellen zu können. Irgendwo zwischen Dokumentation und Inszenierung bilden Munchs Selbstporträts die Grundlage für den in der Rezeptionsgeschichte immer weiter gefestigten Mythos vom einsamen und unverstandenen Genie. „Kunst muss“, so schreibt er in einem Notizbuch aus den Jahren 1890–92, „mit Herzblut vorwärts getrieben werden.“ Dabei geht er über alle Maßen schonungslos mit sich selbst um. Nackt, krank, verlassen, frierend oder von Alter gezeichnet, macht er die eigene Person zum Objekt seines lebenslangen Kunstprojekts. Es gilt nicht die individuellen Herausforderungen des eigenen Lebens rasch zu lösen, sondern sie für eine Kunst mit universellem Anspruch nutzbar zu machen, um der unbedingten Suche nach dem Authentischen im Leben, fern aller Rollen, Konventionen und Zufälle, näherzukommen.

Warum war ich nicht wie andere?

Edvard Munch, undatierte Notiz

ÅSGÅRDSTRAND – REFUGIUM UND INSPIRATION

Trotz Munchs enger Bindung an Frankreich und Deutschland und seiner zahlreichen Reisen kreuz und quer durch Mitteleuropa in den zwanzig Jahren zwischen 1889 und 1909 sucht man in seinem Œuvre berühmte Ansichten von Paris oder Berlin ebenso vergeblich wie spektakuläre norwegische Landschaftsbilder etwa der tiefen Fjorde Westnorwegens oder der

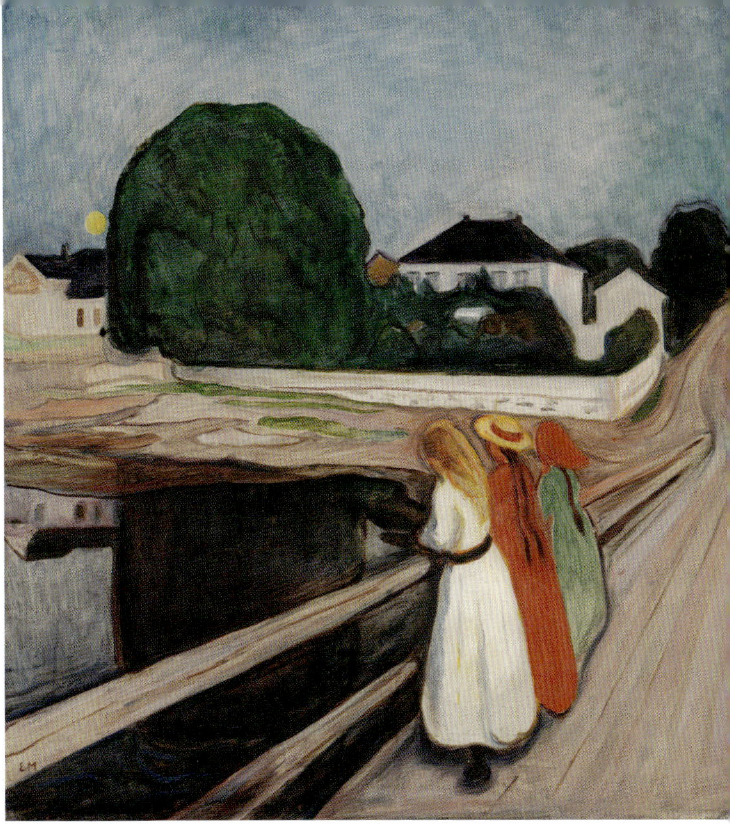

Mädchen auf der Brücke, 1901, Öl auf Leinwand, 136 × 125 cm

Dieses Gemälde ist der Auftakt zu einer ganzen Reihe von Werken, die eine Gruppe von Mädchen beziehungsweise jungen Frauen in bunten Sommerkleidern auf dem Anleger oder der Dorfstraße zeigen. Verbindet er hier drei Mädchen gleichsam zu einer Form, so polarisiert er in anderen Varianten des Motivs die geschlossene Gruppe von Mädchen gegenüber einer einzelnen ausgeschlossenen Figur. In diesem spannungsvollen Gegensatz zwischen Gruppe und Individuum an der Schwelle vom Kindsein zum Erwachsenwerden mischen sich Erinnerungen an Kindheit und Jugend mit sensiblen Beobachtungen zu zeitlosen Menschenbildern.

steilen Gebirgskette der Lofoten. Das Fischer- und Sommerfrischler-Dorf Åsgårdstrand am westlichen Ufer des Oslofjordes ist seit seinem ersten Besuch 1889 ein konstantes Refugium für den Künstler. 1898 kauft er dort trotz seiner schwierigen finanziellen Situation ein kleines Sommerhaus im Dorfkern, unmittelbar am Wasser gelegen. Åsgårdstrand ist sein einziger beständiger Ruhepol in einer turbulenten Zeit, die sonst von einem unsteten, hektischen Leben zwischen Deutschland, Frankreich und Norwegen geprägt ist. Die Landschaft mit ihren bis an die schmalen Strände heranreichenden Kiefernwäldern und Uferwiesen, bunten Holzhäusern und langen Holzstegen an flachen Ufern mit den markanten rundgeschliffenen Granitsteinen im flachen Wasser ist Munch seit seiner Jugend vertraut. Sie ist eine topografische Konstante seiner Kunst, die bis in die 1930er-Jahre in zahlreichen Motiven anzutreffen ist. Wüsste man nicht, dass zahlreiche seiner Werke aus dieser Zeit in Frankreich und Deutschland entstanden sind, so könnte man meinen, Munch hätte das beschauliche Åsgårdstrand nie verlassen, dient dessen liebliche Landschaft doch immer wieder als Bühne für seine Figurenbilder.

Hervorzuheben sind hier neben den Motiven der *Melancholie* (1891) und *Asche* (1895) insbesondere *Die Mädchen auf der Brücke* (1901), eine von Munchs großartigen Bilderfindungen am Beginn einer neuen, farbenfroheren Malerei seiner Kunst. „Es war wunderbar in Aasgaarstrand. Von allen Orten im Osloer Fjord ist er der derzeit schönste", schreibt er in einem undatierten Brief an seine Schwester Inger. In seinen Aufzeichnungen aus Deutschland lässt er hingegen kaum ein gutes Wort an seinem Heimatland als Nation, und in einem Brief an Karen Bjølstad schreibt er 1906: „Ich habe nun ungefähr bald ein Jahr

Es war merkwürdig, so ganz bei sich selbst zu sein – in seinem eigenen Haus. Niemand hatte es nötig ihn zu stören – Es war sein Eigentum. Viel hatte es nicht gekostet, auch war es nicht schön, aber seins – dort draußen im Garten gehörten alle Bäume ihm – die Steine – die Vögel – der Strand – und das Wasser, das den Stein umspülte. Edvard Munch, Skizzenbuch, 1903–08

lang kein Norwegisch mehr gesprochen – Wenn ich einen Norweger in einem Café sehe, habe ich immer das Gefühl, es handle sich um einen Feind – da kann man nichts machen. [...] Ich erhalte [hier in Deutschland] regelmäßig Aufträge, das ist etwas anderes als die Hungernahrung in Norwegen, wo man dazu Schimpfworte bekommt – Schimpfworte auf trocken Brot.“ Seit frühen Anfeindungen in der Presse baut sich bei Munch zunehmend die Vorstellung einer Verschwörung ihm feindlich gesonnener norwegischer Frauen, Kritiker und Künstlerkollegen auf, von denen er sich auch im Ausland in wachsendem Maße verfolgt fühlt, was dazu beiträgt, dass er sein Heimatland als solches zunehmend kritisch betrachtet.

Der Wechsel zwischen intensivem Leben in und dem rastlosen Reisen zwischen zahlreichen europäischen Metropolen einerseits und dem kontinuierlichen Rückzug in das kleine, unter hohen Bäumen versteckte Haus in Åsgårdstrand in der Landschaft seiner Kindheit ist kein Zufall, sondern drückt ein wesentliches Muster in Munchs Leben aus. Die konträren Schauplätze zeigen die Ambivalenz zwischen der kompromisslosen Unterordnung aller Aspekte des Lebens unter das eigene Schaffen und einer unterschwelligen Sehnsucht nach Ruhe und Sammlung.

NORWEGEN: NATUR UND NATION

Vor dem Hintergrund der Dominanz norwegischer Landschaften in seiner Kunst stellt sich die Frage nach Munchs Verbundenheit mit Norwegen. Die Antwort ist vielschichtig. Nur ein einziges seiner Gemälde zeigt eine norwegische Flagge. Auch *Der Tanz des Lebens* (1899/1900), der das traditionelle Mittsommernachtsfest thematisiert, kann kaum als national motiviert bezeichnet werden. Dieses Bild sowie *Asche* (1895), *Sommernacht. Die Stimme* (1896) oder die späte Version von *Die Frau* (1925) sind herausragende Beispiele, in denen Munch die südnorwegische Landschaft fern jeder nationalen Instrumentalisierung allein zum Resonanzraum der emotionalen Spannung seiner Protagonisten macht. Diese Bilder zeigen Menschen und nicht explizit Norweger, sie sind keine gemalten Nationalhymnen, sondern Spiegel existenzieller Befindlichkeiten.

Weniger von der Hand zu weisen ist hingegen der nationale Bezug in Darstellungen der nordischen Winternacht ohne Figuren, in denen weite Schnee- und Eisflächen im Mondlicht schimmern, oder in menschenleeren Darstellungen scheinbar unendlicher Mittsommernächte am Oslofjord, in denen die Landschaft in ein warmes orangenes Licht getaucht ist. Dass die Farben der Kleidung der *Alma Mater* (1915/16), der zentralen Figur des Monumentalgemäldes gleichen Titels an der Ostseite der Aula der Universität in Kristiania, denen der norwegischen Flagge entsprechen, ist allerdings kein Zufall. Mit ihr entwickelt Munch – ganz im europäischen Trend – ein massentaugliches Monument einer strahlenden Zukunft der eigenen Nation.

Munchs Fjord-Landschaften bekunden in ihrer architektonischen Klarheit und Schattenlosigkeit seine Suche nach inneren

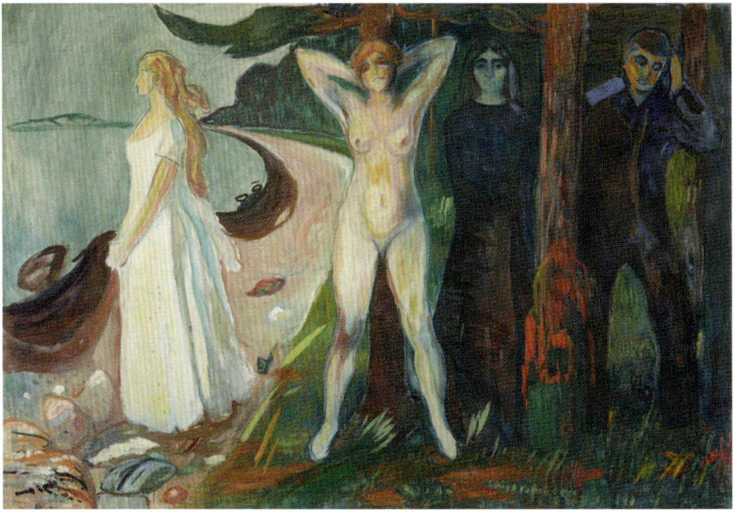

Die Frau, 1925, Öl auf Leinwand, 155 × 230 cm

Gesetzmäßigkeiten und Strukturen der Natur im Grenzbereich zwischen Gegenständlichkeit und Abstraktion. „Die Natur", so notiert Munch 1907/08 in Warnemünde, „ist nicht allein das mit den Augen Wahrnehmbare – Sie umfasst auch die inneren Bilder der Seele – Bilder auf der Rückseite des Auges." Steine am Ufer, ein zugefrorener Fjord, das Innere des Waldes oder brechende Wellen – Munch lässt uns die Natur geradezu mit allen Sinnen erleben. Dabei geht es ihm weder um eine naturalistisch korrekte Dokumentation noch um die impressionistische Wiedergabe des Lichts auf der Oberfläche der Dinge. In einer Notiz aus den Jahren 1890–92 ist zu lesen: „Von einer starken Stimmung ergriffen, macht eine Landschaft einen gewissen Eindruck auf einen – durch die Darstellung dieser Landschaft erhält man ein Bild seiner eigenen Stimmung – diese Stimmung ist die Hauptsache – die Natur ist bloß das Mittel."

Der Künstler dokumentiert nicht, was er sieht, sondern überträgt den Eindruck, den die Natur in ihm auslöst, in Bewegungen,

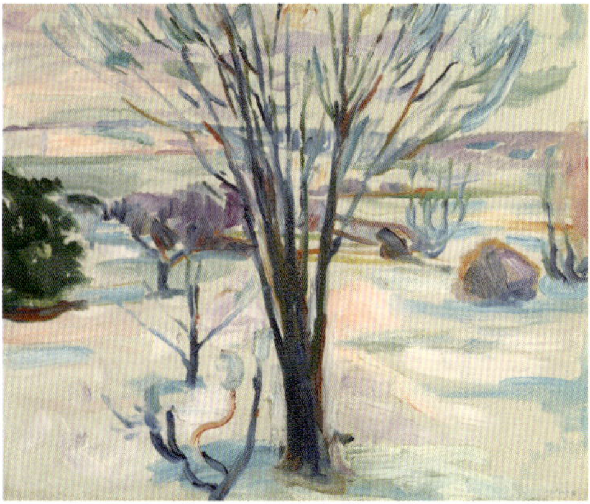

Schnee, 1913–15,
Öl auf Leinwand,
65 × 80 cm

Farbkontraste oder -harmonien, die über die wiedererkennbare Darstellung hinaus den Blick auf die innere Struktur der Natur öffnen und den Betrachter geradezu in die Stimmung einer Landschaft hineinziehen. Dabei scheinen die Dinge auf der Leinwand als lebendige Elemente miteinander in Beziehung zu stehen. Selbst im Gestein, wie Munch in einem Skizzenbuch aus den Jahren 1927–34 notiert, sei Leben. So werden die großen Steine am Ufer in *Sommernacht. Inger am Strand* (1889), einem seiner frühen Hauptwerke, gleichsam zu Akteuren im Dialog mit der Figur.

Munch will die sichtbare Welt weder auflösen noch neu erfinden, sondern die Erfahrung mit der erlebten Realität sichtbar machen. Ein von der Frühlingssonne beschienener Baum im Schnee bleibt als solcher erkennbar, auch wenn die Komposition von expressiven Pinselgesten und Farbakkorden dominiert wird. Dabei werden Spuren des kreativen Prozesses – suchende Umrisslinien, herablaufende Farbe, sichtbare Korrekturen, provozierte Zufälle oder bewusste Leerstellen – zum integrativen Bestandteil des fertigen Werkes. Vieldeutigkeit und Unbestimmtheit der Bildstruktur erweitern seine Ausdrucksmöglichkeiten.

Der Schuss in der Hütte und das „Unternehmen Munch"

REALITÄT UND MYTHOS – MUNCH UND TULLA LARSEN

Der gut aussehende, hochgewachsene Künstler wirkt zweifellos anziehend auf viele Frauen. Über seine Beziehungen ist allerdings nur wenig bekannt, mit Ausnahme der zu Tulla – eigentlich Mathilde – Larsen, die in seiner Kunst und seinen Schriften direkt und indirekt deutliche Spuren hinterlassen hat. Sie ist durch Munch und zahlreiche kunsthistorische Publikationen zu einem Mythos gemacht worden und hat seine Rolle als verfolgter Künstler, der zu einem bürgerlichen Leben gezwungen werden soll, verfestigt.

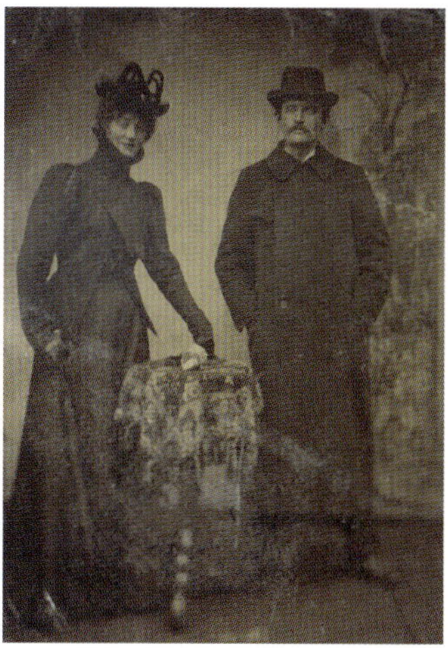

Doppelporträt Edvard Munch und Tulla Larsen, 1899

Die beiden lernen sich im August 1898 kennen und verlieben sich ineinander. Allerdings gestaltet sich das Verhältnis zwischen der unabhängigen, anspruchsvollen Kaufmannstochter und dem armen Künstler ohne festen Wohnsitz von Beginn an schwierig. Die vier Jahre währende Beziehung ist für beide durch große Turbulenzen, Eifersucht, Paranoia, rastlose Reisen bis Italien, Alkoholmissbrauch und nicht zuletzt Liebeskummer geprägt. Es kann kaum ein Zweifel daran bestehen, dass Munchs Zeilen von 1908 in Erinnerung daran entstanden sind: „Sie strich mit ihren Händen über meine Stirn – Was machen Sie?, sagte ich. Dich hypnotisieren – Kurz darauf stand sie in der Tür zum Atelier – Groß – mageres

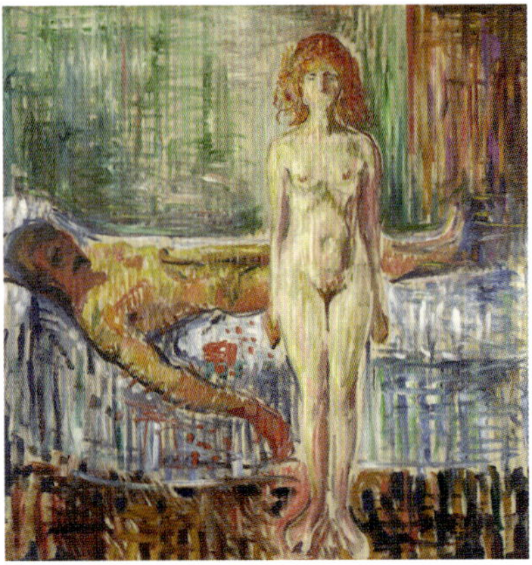

Marats Tod II, 1907, Öl auf Leinwand, 135 × 149 cm

Gesund kam ich zu dir – wie ein Gespenst verlasse ich dich.

Edvard Munch, Briefentwurf an Tulla Larsen, 1899

Gesicht – und stechende Augen – umgeben von goldenem Haar wie ein Glorie – ein sonderbares Lächeln – von den stramm gezogenen Lippen – Etwas vom Haupt der Medusa – Ein unerklärliches Gefühl der Angst überkam mich – Ein Schaudern – So ging sie – und ich begann mit ‚Tanz des Lebens'." Munch hat die 29-jährige Tulla Larsen 1898 zwei Mal porträtiert. In den Gemälden zu *Marats Tod* (1906/07) tauchen ihre Züge erneut auf. Hier vertauscht er die Rollen des damals beliebten Lustmord-Themas. Während der Künstler dem Ermordeten seine Züge verleiht, wird sie zur Mörderin.

Während Tulla Larsen auf eine vermutlich versprochene Heirat drängt, fühlt sich Munch einerseits erotisch stark von ihr angezogen, andererseits immer mehr eingeengt. Aus seiner Sicht muss die Beziehung eine Hassliebe gewesen sein, in der er die Rolle des gequälten Liebhabers spielt, der an der Ausübung seiner Kunst gehindert wird. „Ich kann", so schreibt er ein Jahrzehnt nach dem Bruch der Beziehung in einem Briefentwurf an sie, „deine Stärke als Frau bewundern – und verachte meine Schwäche als Mann. Aber es ist ein Unglück, wenn eine Frau wie du auf einen Mann wie mich trifft, wenn so verschiedene Lebensauffassungen aufeinandertreffen." Aus ungeklärter Ursache löst sich beim letzten dramatischen Treffen der beiden in Munchs Sommerhaus in Åsgårdstrand 1902 ein Schuss aus einem Revolver, infolgedessen der Künstler ein Fingerglied an seiner linken Hand verliert, ein sichtbares Zeichen, das ihn fortan stets an die – vermeintliche – Verfolgung durch Tulla Larsen erinnern wird.

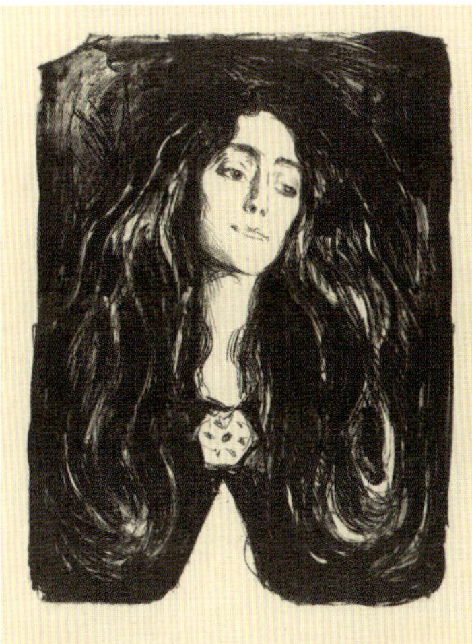

Die Brosche. Eva Mudocci, 1903, Lithografie, 61,3 × 47,1 cm

Als er 1903 die attraktive britische Violinistin Eva Mudocci trifft, figuriert Tulla Larsen in seinen Aufzeichnungen als Drahtzieherin angeblicher Verschwörungen gegen ihn. Er schreibt 1903 in einem Brief an die Musikerin im Hinblick auf die tragische Trennung, dass er aus einem furchtbar dunklen Wald losgekommen ist, in dem Tiger und Schlangen ihn halb aufgefressen haben, und er nun fühlt, dass seine Arbeit ihn heilen kann. Zeugnis dieser Heilung ist Eva Mudoccis Porträt *Die Brosche* (1903), das vielleicht eindrücklichste Frauenporträt aller seiner Druckgrafiken. Aus ihrem schwarzen Haar, das den größten Teil der Darstellung einnimmt, leuchten ihr schmales Gesicht mit dem verträumt abschweifenden Blick und darunter die markante sechseckige Brosche hervor, die dem berühmten Blatt seinen Namen gibt.

FRAUENBILDER ZWISCHEN ANGST UND EINFÜHLUNGSVERMÖGEN

Wie stets in Munchs Kunst überlagern und durchdringen sich konkrete biografische Erlebnisse und universelle Haltungen. Dies gilt insbesondere auch im Hinblick auf das für seine Künstlerschaft so zentrale Thema der Frau sowie der Beziehung zwischen Mann und Frau. Munchs Wahrnehmung der Beziehung zu Tulla Larsen und seine künstlerische Auseinandersetzung mit ihrer Person müssen deshalb im Zusammenhang mit seinem Blick allgemein auf das andere Geschlecht gesehen werden, der sich seit Mitte der 1880er-Jahre im Kreis der Kristiania-Boheme und zu Beginn der 1890er-Jahre im Milieu des Schwarzen Ferkels in Berlin herausgebildet hat und sowohl zeittypische als auch individuelle Elemente vereint.

Munch hat die Verwerfungen zwischen der stärker werdenden autonomen Identität der Frau und der damit einhergehenden sexuellen Verunsicherung des Mannes bereits in den frühen 1890er-Jahren in Gemälden wie *Asche* oder *Vampir* dargestellt. Ist der Mann hier als unterlegen dargestellt, so spielt Munch in seiner Darstellung der *Madonna* (1894) mit der Rolle des Betrachters vor dem Bild. Das Werk zeigt einen weiblichen Halbakt mit durchgestrecktem Rücken und zurückgeworfenem Kopf. Die Augen sind geschlossen, ein Arm ist erhoben. Die Haltung ist der antiken Skulptur einer von einem Pfeil getroffenen sterbenden Niobide entlehnt. Der rote Nimbus, Hinweis auf das in sein blasphemisches Gegenteil verkehrte Madonnenbildnis, ist Teil einer diffus wolkigen Einrahmung, die die Figur als Traumbild erscheinen lässt. Munch versetzt den Betrachter gleichsam in die Rolle des sexuellen Partners der Frau, der ihren Leib nur bis zur Hüfte sieht. Doch posiert

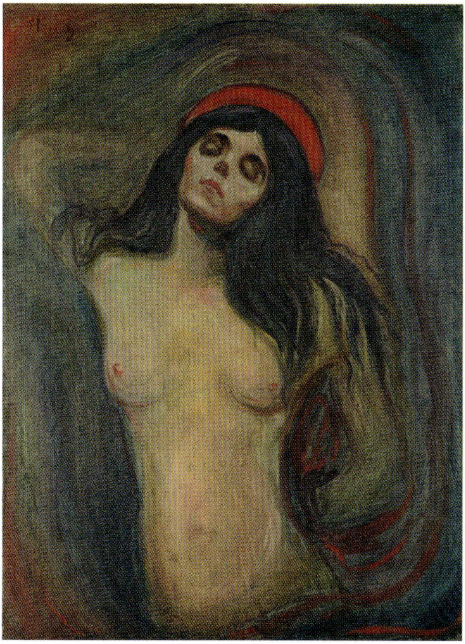

Madonna, 1894, Öl auf Leinwand, 90 × 68,5 cm

Ich stand vor dem Mysterium Frau – Ich blickte hinein in eine ungeahnte Welt – Meine Neugier – wagte ich – Was bedeutete dieser Blick – Was wusste – dieser Blick, was ich nicht wusste […].

Edvard Munch,
Skizzenbuch, 1903–08

sie nicht etwa für einen imaginären Voyeur, sondern scheint mit dem Ausdruck völligen Losgelöstseins eins zu sein mit ihrem inneren Fühlen.

Unter der Überschrift „Meine Madonna" beschreibt Munch in einer undatierten Notiz ein solch sinnliches Erlebnis aus einer männlichen Perspektive: „Er saß mit den Armen um ihren Leib […] – wie merkwürdig, ihre Augen – ihren Mund – ihre Brüste so nah zu haben. […] Er legte seinen Kopf an ihre Brust – er hörte ihr Herz schlagen – fühlte das Blut in ihren Adern strömen – und spürte zwei brennende Lippen auf seinem Nacken. Sein Körper erzitterte vor Wollust und er drückte sie an sich wie in einem Krampf." *Madonna* ist ein außergewöhnliches Bild selbstbestimmter weiblicher Sexualität, ohne explizite sexuelle Verweise. Mit ihr wird die Tabuisierung einer ver-

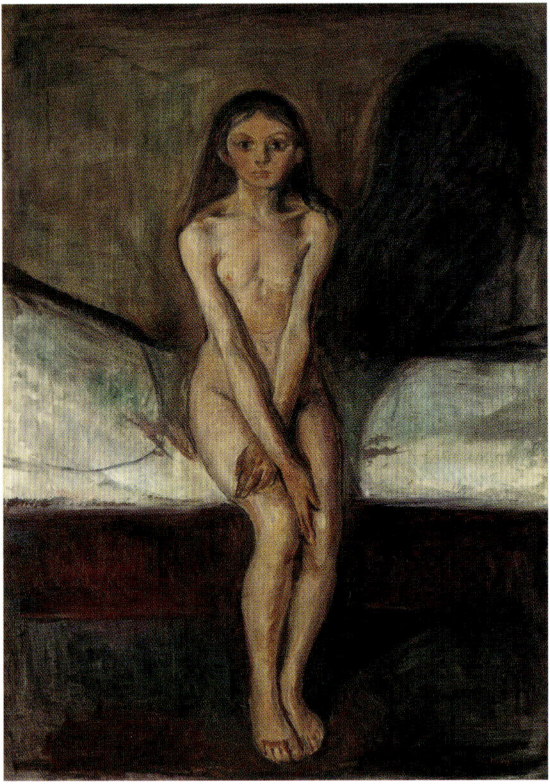

Pubertät, 1893, Öl auf Leinwand, 150 × 112 cm

Das nackt auf der Bettkante sitzende Mädchen mit zusammengepressten Beinen und schamhaft über dem Schoß gekreuzten Händen schaut stumm und ängstlich, zugleich aber mit offenem Blick auf den Betrachter, als würde es in sein Spiegelbild schauen. Von ihrem fast noch kindhaften Körper geht ein massiver schwarzbrauner Schatten aus, der einem unbekannten Wesen gleicht, das sich hinter ihr zu erheben scheint. Die verschiedenen Versionen des Gemäldes zeigen wie wohl kein anderes seiner Werke Munchs Einfühlungsvermögen in die Entwicklung an der Schwelle zwischen Kindheit und Jugend.

meintlich gefährlichen Sexualität der Frau greifbar, die, angestoßen von Munch, zu einem der zentralen Themen in der Moderne um 1900 werden würde.

Bedienen Werke anderer Künstler seiner Generation oftmals entweder den Voyeurismus beziehungsweise die Lust an Erotik oder das Bedürfnis eines Frauenbildes völliger Hingabe an die Rolle der Mutter im familiären Heim, so ist es eines der großen Verdienste Munchs, die Spannungen zwischen den Geschlechtern unter der Oberfläche sichtbar zu machen und dem individuellen Seelenleben der Frau in seiner Kunst ein eigenes Recht zu geben. Dabei beschränkt sich sein Frauenbild keineswegs auf die selbstbewusste, starke Femme fatale, sondern schließt alle Charaktere und Lebensalter ein.

Aktdarstellungen junger Mädchen sind in der Kunst des späten 19. Jahrhunderts keine Seltenheit. Die Art, wie Munch das Mädchen in seinem Gemälde *Pubertät* (1893) darstellt, ist hingegen einmalig in seiner Generation. Das Motiv hat ihn intensiv beschäftigt. Eine erste Gemäldeversion von 1886 ist verbrannt, zwei weitere von 1894 sowie eine spätere von 1914–16 existieren, darüber hinaus gibt es Zeichnungen und zwei Radierungen des Motivs. Auch wenn *Pubertät* keiner seiner Schwestern zugeordnet werden kann, sondern über die Individualität der Dargestellten hinausweist, liegt es nahe, dass das Leben der Familie erneut Ausgangspunkt für das Bild gewesen ist. Die Geschwister Munch – drei Mädchen und zwei Jungen – leben in den 1860er- und 1870er-Jahren auf engem Raum zusammen und erleben ihre körperliche Entwicklung eng beieinander. Fern jedes erotischen Voyeurismus und jeder sexuellen Anspielung gibt Munch mit *Pubertät* in einer Zeit, in der die Pubertät alles andere als ein offen diskutiertes und vorurteilsfreies Thema ist, ein verblüffend ehrliches und authentisches Bild sexuellen Erwachens, das nicht nur in Munchs Generation seinesgleichen sucht.

FÖRDERER UND DURCHBRUCH IN DEUTSCHLAND

Munchs Leben nimmt Fahrt auf. „[...] ich bin doch froh, dass ich an einem so freundlichen Ort zusammen mit so vielen Freunden sein kann, auch wenn es in einem fremden Land ist“, schreibt er an Karen Bjølstad 1906 aus Weimar. Neben Berlin, wo er von 1892 bis 1895 und 1898 bis 1903 hauptsächlich lebt, hält er sich längere Zeit in Lübeck, Hamburg, Dresden, Chemnitz, Weimar und Warnemünde auf. Verbunden mit diesen Städten sind jeweils wichtige Kontakte, die dafür sorgen, dass das „Unternehmen Munch“ sowohl künstlerisch als auch ökonomisch expandiert. Munch verwaltet Verträge mit Galeristen und Verkäufe von Werken ebenso selbst, wie er auch seine Ausstellungen und Ausstellungsbeteiligungen überwiegend eigenhändig managt.

Edvard Munch bei Max Linde in Lübeck, 1902

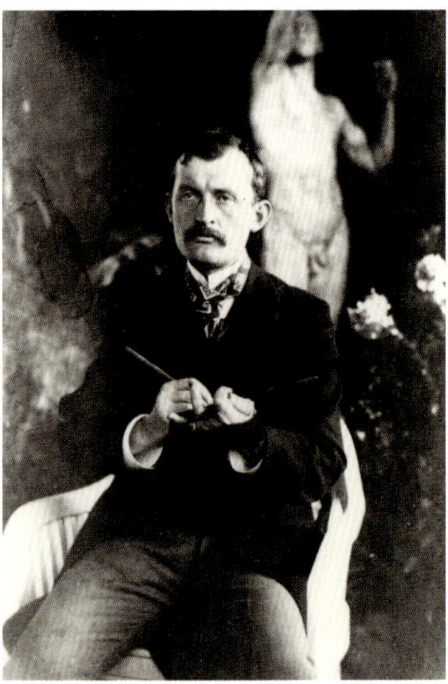

An die Stelle armer Bohemiens aus dem früheren Kreis des Schwarzen Ferkels treten nun Vertreter des einflussreichen Bürgertums. Zu den wichtigen Förderern gehören der Augenarzt Max Linde, der Kritiker Julius Meier-Graefe, der Jurist

Nach 20 Jahren Gefecht und Elend kommen mir endlich Gute Mächte in Deutschland zur Hilfe und es öffnet sich ein leuchtendes Tor – das war 1902 – [Max] Linde und andere kauften Werke von mir. Edvard Munch, Notiz, 1908

und Sammler Gustav Schiefler, der Regisseur Max Reinhardt, der Museumsdirektor und Diplomat Harry Graf Kessler sowie Elisabeth Förster-Nietzsche, die Schwester des 1900 verstorbenen Philosophen. Sie stärken nicht nur Munchs Selbstbewusstsein, sondern legen auch die Basis für seinen nachhaltigen Erfolg. Gleichzeitig weiß der Netzwerker Munch überaus geschickt mit den Medien, dem Markt und der Kulturszene im Deutschen Reich umzugehen und sich meisterhaft als einsam kämpfenden Künstler zu inszenieren.

Allerdings geht das hektische Leben mit zahllosen Reisen von einer Metropole in die andere, ständig wechselnden Hotels, knappen Ressourcen und der kontinuierlichen Auseinandersetzung mit Journalisten, Kunsthändlern und Galeristen nicht spurlos an dem eigenwilligen und introvertierten Künstler vorbei. Munch wird von Alkoholismus und spätestens seit dem Bruch mit Tulla Larsen 1902 von Verfolgungswahn geplagt. Verschiedene Kuraufenthalte in den sachsen-anhaltinischen und thüringischen Bädern Elgersburg, Kösen und Ilmenau 1905/06 belegen die zunehmend angegriffene physische und psychische Gesundheit des Künstlers und seine vergeblichen Versuche, ihrer Herr zu werden.

Gleichzeitig bringen ihm seine Ausstellung in der inzwischen etablierten **Berliner Secession*** 1902 und eine im selben Jahr erscheinende zweite Munch-Monografie endlich die lang ersehnte Anerkennung. Auch wenn er 1909 endgültig nach Norwegen zurückkehren wird, bleibt Deutschland weiterhin sein wichtigster Markt und seine wichtigste Basis. Auf der Kölner **Sonderbund-Ausstellung*** 1912 erhält er neben Vincent van Gogh, Paul Cézanne und Paul Gauguin als einziger lebender Künstler einen eigenen Saal. Die Teilnahme an dieser ersten internationalen Übersichtsschau der Avantgarde festigt seine Rolle als zentraler Künstler der Moderne.

Munch wurde und wird von der Kunstgeschichte zu Recht zum Geburtshelfer für den deutschen Expressionismus erklärt. Für eine Reihe junger Künstler ist er ein entscheidender Katalysator, der inspiriert und neue Möglichkeiten aufzeigt. Der Kunsthistoriker Curt Glaser beschreibt diese Rolle 1912 anlässlich der Sonderbund-Ausstellung in einem Artikel mit treffenden Worten: „Er ist der Typus dessen, was die neue Zeit will [...]. Bis in die Einzelheiten reichen die Übereinstimmungen. Es gibt Holzschnitte von Munch mit blauen Menschenleibern. Es war Wahnsinn, als er sie schuf. Heut ist die Methode gefunden. Er zeichnete Köpfe mit Riesenaugen. Niemand verstand ihn. Heut ist der Sinn offenbar. Heut entdeckt man das alles wieder, man erinnert sich dieser Dinge."

Zugleich scheint auch Munch von den jungen Expressionisten beeindruckt zu sein. 1908 schreibt er an Gustav Schiefler: „Habe mit großer Freude in norwegischen Zeitungen über die Ausstellung ‚Die Brücke' gelesen – / – Es wird mich sehr freuen die Maler einmal zu treffen – [...]." Zwar kommt Munch der Einladung, gemeinsam mit der Künstlergemeinschaft auszustellen, nicht nach, doch lässt sich der Einfluss Ernst Ludwig Kirchners insbesondere nach 1908 in seinen Landschaften und den sonst seltenen weiblichen Doppelakten gut erkennen.

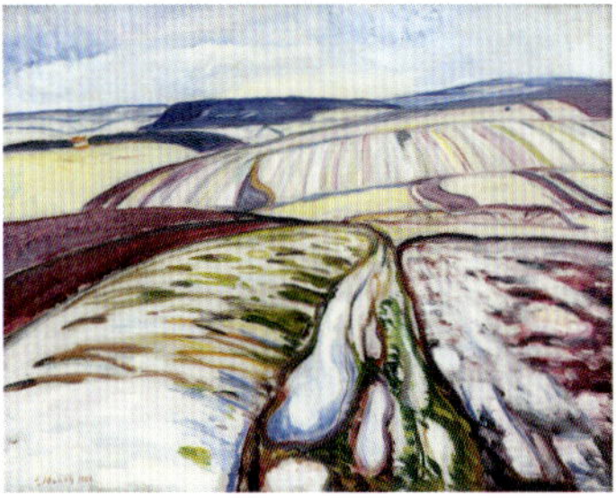

Schneeschmelze bei Elgersburg, 1906, Öl auf Leinwand, 71 × 91 cm

Dass Munch nicht mit der Brücke ausstellt oder sich ihr gar anschließt, verwundert nicht. Der attraktive Mann bewegt sich zwar sicher auf dem europäischen gesellschaftlichen Parkett zwischen einflussreichen Persönlichkeiten, bleibt aber stets zurückhaltend, es sei denn, sein sensibles und leicht verletzbares Gemüt wird provoziert. „Ich sitze allein", so notiert er bereits 1889 in Paris, „bis ich es nicht länger aushalte. Ich gehe aus, um Freunde zu treffen. Wenn wir aber zusammen sind, verstört mich deren Gelächter und ich flüchte vor ihnen." Und in einer undatierten Notiz von 1896 liest man: „Ich sah alle Menschen hinter ihrer Maske [...]. Ich sah durch sie hindurch und da war Leiden – in ihnen allen – bleiche Leichen – rastlos nervös – herumlaufend [...]." Munchs außerordentliches Einfühlungsvermögen und seine starken „Antennen" für die inneren Befindlichkeiten seiner Mitmenschen bleiben stets im Verborgenen und halten den Künstler auf Distanz zu seiner Umwelt.

Seine Aufzeichnungen verraten, dass er sich oft ungerecht behandelt oder verletzt fühlt, sei es von Menschen, den Medien oder der Steuerbehörde. „Mein Puls", so schreibt er in einem Skizzenbuch aus den Jahren 1909–11, „ist entweder schnell bis zu starken Nervenattacken – oder er geht langsam, getragen von grüblerischer Melancholie." Die Vehemenz, mit der er gegen vermeintliche Ungerechtigkeiten gegen ihn angeht, ist bemerkenswert. Im Hinblick auf Konflikte mit anderen Menschen übernimmt er gern das Rollenmodell des Künstlergenies, das missverstanden wird, eine Opferrolle einnimmt und zur Flucht gezwungen wird, um seine Mission zu erfüllen. Dies ist auch ein Grund, warum sein Werk wie ein losgelöster Kontinent ohne direkte Verbindungen zu anderen zeitgleichen Entwicklungen wirkt. Zugehörigkeit zu Ideen oder Gruppen lehnt er grundsätzlich ab, und er ist eher misstrauisch als gutgläubig. „Freunde“, so liest man in einem Skizzenbuch von 1903/04, „sind verkleidete Feinde – Sie schleichen sich in Dein Haus ein, essen dein Essen, trinken deinen Wein und stoßen dir einen Dolch in den Rücken.“ Geradezu lustvoll erregt er sich in einer Notiz in einem weiteren Skizzenbuch aus den Jahren 1927–34 über vermeintliche Feinde: „Man stirbt nicht, man wird von seinen Mitmenschen ermordet – es geschieht durch das Giftgas der Worte – böse Gedanken – als Radiowellen treffen sie den verwundbarsten Punkt in einem.“ Zugleich zeigt er sich kämpferisch, wenn er in einem undatierten Briefentwurf an den dänischen Schriftsteller Sten Drewsen schreibt: „[...] die Norweger sollten von mir [...] eine Schussweite Abstand halten.“ Offenbar steuert eine diffuse Angst, offene Wunden zu zeigen oder verletzt zu werden, Munchs teils rabiate Reaktionen anderen Menschen gegenüber, wodurch er Unsicherheiten überdecken und Stärke zum Ausdruck bringen will.

Den vermeintlichen Feinden stehen auf der anderen Seite einige wenige Menschen gegenüber, zu denen er zeit seines Lebens ein inniges, vertrauensvolles Verhältnis pflegt, die er bei Bedarf unterstützt und deren Rat er annimmt. Zu dieser kleinen Gruppe gehören etwa die Tante und Ersatzmutter Karen Bjølstad, seine Schwester Inger, die Künstlerin Aase Nørregaard, der Sammler Rolf Stenersen oder der verwandte Künstlerkollege Ludvig Ravensberg.

Wendepunkte: vom tödlichen Abgrund zum Strahlenkranz der Sonne

BADENDE MÄNNER UND EXPLODIERENDE FARBEN

Nach rastlosen Jahren versucht der Mittvierziger im Sommer 1907 und 1908 in der beschaulichen Atmosphäre des Ostseebades Warnemünde seine Kräfte zu sammeln. Allerdings können Ruhe und zunehmender Erfolg die sich seit Jahren zuspitzende Krise nicht verhindern. Munch ist stark alkoholabhängig, er leidet an Halluzinationen, Verfolgungswahn und partiellen Beinlähmungen. Doch hemmt die persönliche Krise seine künstlerische Entwicklung nicht. Im Gegenteil, seit 1907 erfindet er seine Kunst mit einem lebensbejahenden experimentellen Expressionismus gleichsam neu, ohne sein vorheriges Werk zu verleugnen. Gleich nach der Ankunft in Warnemünde beginnt er, alltägliche Motive aus seiner unmittelbaren Umgebung zu malen. Die Palette hellt sich deutlich auf, der Pinselstrich wird auffallend gestisch, und die Strukturen verdichten sich. Die neuen Gemälde strotzen vor Kraft und Lust am Experiment. In Werken wie *Amor und Psyche* (1907), *Marats Tod* (1906/07) oder *Doppelporträt Olga und Rosa Meissner* (1907) entwickelt er gitterartige Strukturen, die wie ein atmendes Gewebe aus Farbe über seinen Figuren liegen.

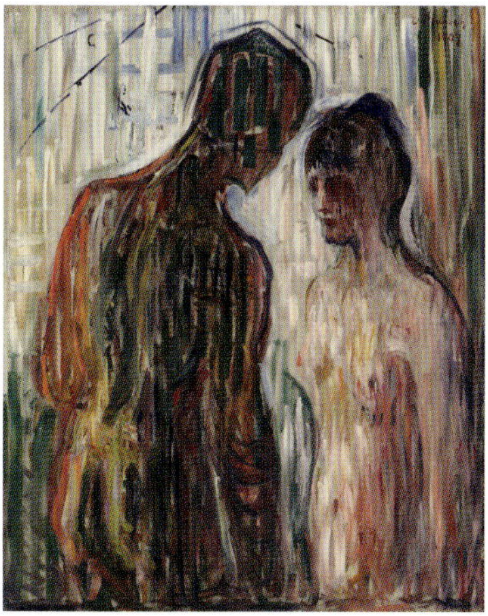

Amor und Psyche, 1907, Öl auf Leinwand, 119 × 99 cm

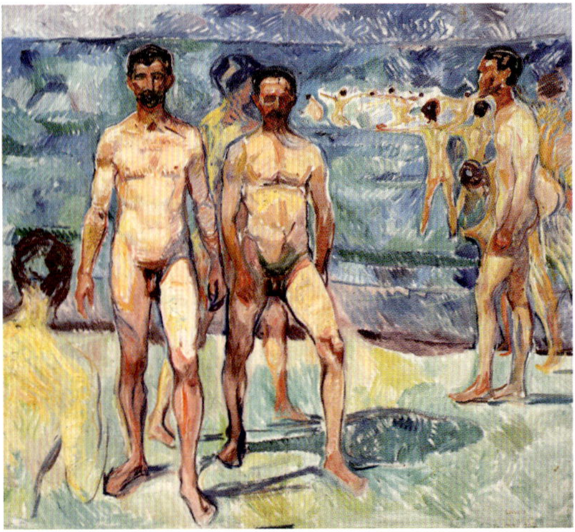

Badende Männer, 1907/08, Öl auf Leinwand, 206 × 227 cm

In seinen neuen Werken aus Warnemünde öffnet sich der Blick in die weite, flache norddeutsche Landschaft. Munch überführt die Aussicht auf den Kanal vor seinem Fenster in waagerechte Streifen und die brechenden Wellen am Strand in breite kontrastreiche Farbbahnen an der Grenze zur Abstraktion. Anstelle einzelner blutsaugender Vampir-Frauen in tiefen Wäldern treten dem Betrachter nun kräftige, nackte Männer aus den kühlen Fluten entgegen. Die lebensbejahende Energie der Sonne ersetzt gleichsam die inneren Schreie vorhergehender Werkphasen.

Vollzieht sich die Entwicklung von Munchs Malerei 1907 bis 1909 in Auseinandersetzung mit dem Fauvismus in Frankreich und dem deutschen Expressionismus, so steht das Motiv der badenden Männer im Zusammenhang mit der Strömung des sogenannten Vitalismus am Beginn des 20. Jahrhunderts. Im Kielwasser von Ideen neuer Weltordnungen und politischer Systeme kommt es insbesondere im Deutschen Reich in den Jahren nach 1900 zu einer intensiven Sinnsuche nach alternativen Lebensformen. Dazu gehört das Ideal eines

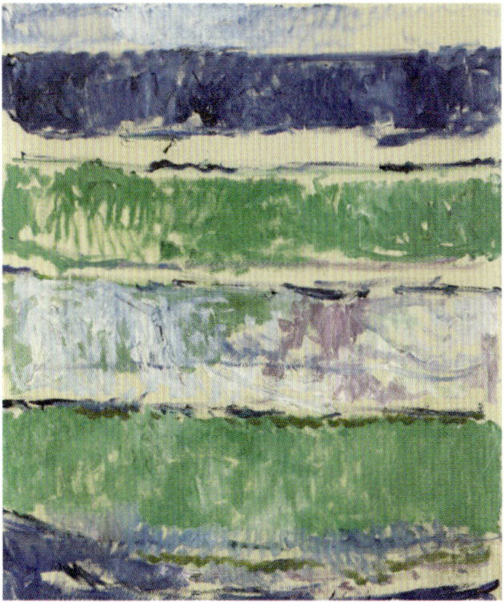

Wellen, 1908,
Öl auf Leinwand,
108 × 95 cm

Lebens im Einklang mit der Natur als Gegenentwurf zur angeblichen Degeneration des Menschen durch Industrialisierung und Urbanisierung. Sammelbegriff für verschiedene soziale Reformbewegungen in der wilhelminischen Gesellschaft ist die sogenannte Lebensreform, ein wichtiger Teil davon ist die Freikörperkultur-Bewegung. Das Tabu, nackt in der Öffentlichkeit zu baden, lässt sich in sogenannten Luftbädern umgehen. Diese muss man sich allerdings weniger als Oasen der Freizügigkeit, sondern vielmehr als nicht selten von rassistischen Ideen untermauerte, streng abgeschirmte Orte der Disziplinierung des Körpers an deutschen Seen und Küsten vorstellen.

Motiviert durch den von Friedrich Nietzsche formulierten Willen zur Umwertung aller Werte und Schaffung eines neuen Menschen, sind Munchs verschiedene Versionen zum Motiv *Badende Männer* von 1907/08 sein wichtigster Beitrag zum Vitalismus. Eine Gruppe von Werken mit männlichen Figuren unterschiedlicher Lebensalter und zu kontrastreichen Streifen abstrahierten brechenden *Wellen* von 1908 zeigt Munchs nicht vollendeten Plan eines Polyptychons mit den *Badenden Männern* als zentraler Tafel. Mit diesen Werken beginnt ein neues Kapitel in seiner Kunst, in dem die universelle Verbindung zwischen Mensch und Natur im Zentrum steht. Höhepunkt dieser Phase ist seine monumentale *Sonne* für die Aula der

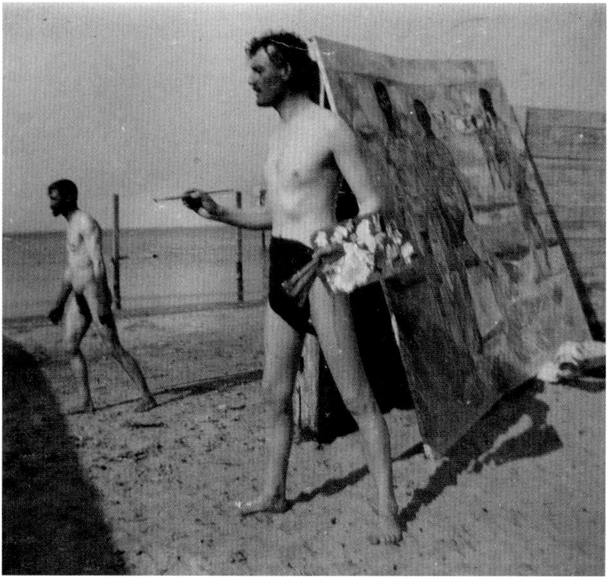

Edvard Munch am Strand von Warnemünde, 1907

Universität von 1911, unter deren Strahlen sich die durch idealisierte Körper personifizierten Wissenschaften versammeln. Sonnenbadende Frauen, pferdeführende Männer sowie kräftige Bauern und heimkehrende Fabrikarbeiter werden folgen.

Munch entwirft nun dicht nacheinander oder parallel ganz unterschiedliche Bilder von Männlichkeit und spiegelt damit nicht zuletzt die Zerrissenheit der Epoche bezüglich Erwartung und Realität eines sich ändernden männlichen Selbstverständnisses zwischen traditioneller Rolle, existenzieller Angst und utopischer Hoffnung. Mit den *Badenden Männern* nimmt Munch in seiner Kunst gleichsam seinen Genesungsprozess vorweg, den er mit strenger Disziplin angehen wird. Vor diesem Hintergrund ist es bezeichnend, dass er sich 1907 nur mit einem Lendenschurz bekleidet, braun gebrannt am Strand von Warnemünde malend vor der Staffelei fotografieren lässt.

Solange man ihn nicht im Himmel oder in der Hölle benutzen kann, kann der Fotoapparat nicht mit der Malerei konkurrieren.

Edvard Munch, Notiz, um 1904

DOPPELBELICHTUNG UND ZOOM – KAMERAEXPERIMENTE

Munchs enorme innovative Schaffenskraft der Jahre 1907 und 1908 wird auch in seiner intensiven Beschäftigung mit der Fotografie greifbar. Die experimentellen Doppelbelichtungen des *Selbstporträts mit Rosa Meissner am Strand von Warnemünde* von 1907 stehen in Verbindung mit seinem Interesse an der Teilung des Ichs in zwei Wesen. Das Aktfoto *Rosa Meissner im Hotel Rohn in Warnemünde*, ebenfalls von 1907, ist ohne Zweifel in unmittelbarem Zusammenhang mit der ersten Version des Gemäldes *Weinende Frau* (1907) entstanden, in dem er durch die Untersicht auf die Figur die Wirkung klaustrophobischer Enge erzeugt. Das häufigste Motiv vor der Linse ist der Künstler selbst. Das mit dem Selbstauslöser geknipste *Selbstporträt in der Badewanne „à la Marat"* von 1908/09, in dem er seinen nackten Oberkörper unmittelbar vor der Linse platziert, kann als frühes Selfie bezeichnet werden. Das Foto steht in direkter Verbindung zu seinen Gemälden, die den Mord an Jean-Paul Marat, einer zentralen Figur der Französischen Revolution, thematisieren. Zwischen 1902 und 1916 und erneut von 1926 bis 1932 entstehen insgesamt 244 Abzüge von 183 Aufnahmen. Viele seiner

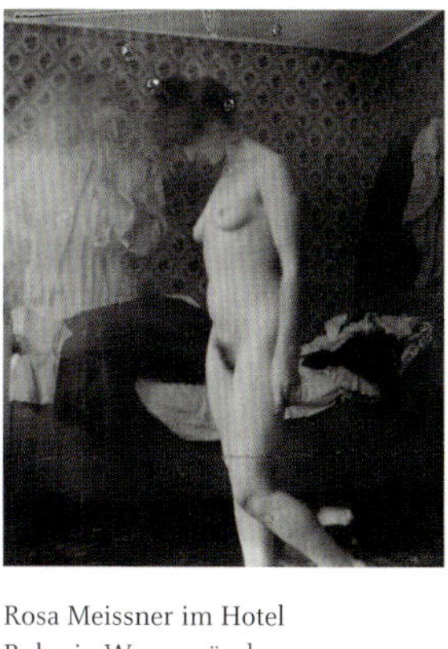

Rosa Meissner im Hotel Rohn in Warnemünde, 1907, Foto: Edvard Munch

Der Maler im Film

Munchs Lebensgeschichte hat es vermutlich deshalb (noch) nicht nach Hollywood geschafft, weil sie in einen eher beschaulichen Lebensabend mündet. Dennoch gibt es neben einem biografischen Spielfilm mehrere Dokumentarfilme über ihn.

1974 wird Peter Watkins 211 Minuten langer Spielfilm *Edvard Munch* im norwegischen und schwedischen Fernsehen als Serie ausgestrahlt. Das Dokudrama beleuchtet die äußeren Einflüsse, die seine Kunst nachhaltig geprägt haben. Dabei werden die Todesfälle in der Familie und die frühe Affäre des jugendlichen Künstlers mit der verheirateten Milly Thaulow besonders hervorgehoben. 2003 wird der deutsche Dokumentarfilm *Edvard Munch – Liebe, Tod und Leben* von Angelika Lizius in der ARD-Reihe *Faszination Kunst* gesendet.

2013, im großen Munch-Jubiläumsjahr zum 150. Geburtstag des Künstlers, erleben dann gleich vier neue Munch-Filme ihre Premiere. Der ambitionierteste von ihnen ist *Let the scream be heard* des indischen Regisseurs Dheeraj Akolkar. Dieser Film sucht nach der Essenz des Universellen und Zeitlosen in Munchs Kunst und richtet sich an ein internationales Publikum. Besonders originell ist die Idee für den Film *The Sun,* der einen Dialog zwischen Munchs Bildwelt und Edvard Griegs Klavierkonzert in a-Moll von 1868 schafft. Anlässlich der zweiteiligen Jubiläumsausstellung in der Nationalgalerie und dem Munch-Museum in Oslo kommt Ben Hardings Film *Munch 150* weltweit in die Kinos. Mit Liebe zum Detail und schönen Landschaftsaufnahmen schafft schließlich Wilfried Haukes Dokumentarfilm *Munchs Dämonen* mit szenischen Abschnitten ein dichtes und einfühlsames Porträt des Künstlers, der zum Abschluss des großen Munch-Jahres von ARTE ausgestrahlt wird.

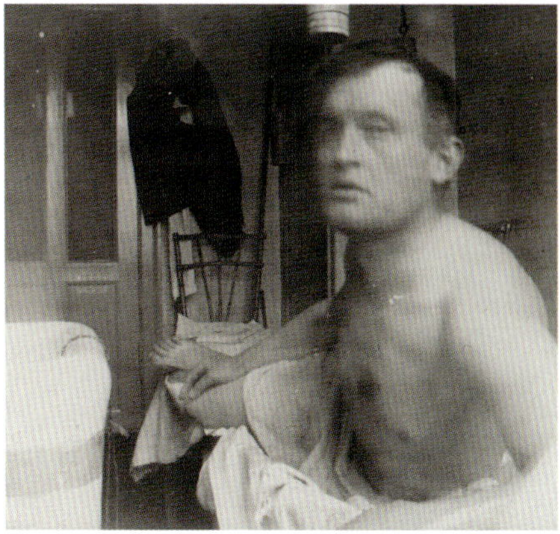

Selbstporträt in der Badewanne „à la Marat“, Kopenhagen, 1908/09

Fotografien zeigen sein großes Interesse, mit unterschiedlichen Perspektiven, Ausschnitten, extremer Nahsicht, bewussten Unschärfen und Doppelbelichtungen zu experimentieren.

Munch ist bei Weitem nicht der einzige Maler seiner Zeit, der sich im Medium der Fotografie versucht. Zahlreiche Künstler nutzen die 1839 erfundene Technik seit dem späten 19. Jahrhundert, um Beobachtungen festzuhalten, Motive zu entwickeln oder einfach, um ihren Alltag zu dokumentieren. Wie die meisten seiner zeitgenössischen Kollegen versteht auch Munch seine Fotos nicht als eigentliche Kunstwerke. Dennoch geben viele der Aufnahmen wertvolle Hinweise auf sein bildnerisches Denken. Im Vergleich zu zeitnah entstandenen Gemälden und Zeichnungen wird deutlich, wie er die Fotografie zur Untersuchung optischer Phänomene und Erweiterung bildnerischer Ideen nutzt.

INNERE GEFÄNGNISSE UND LICHT AM ENDE DES TUNNELS

Der prekäre psychische und physische Zustand des Künstlers findet seinen adäquaten Ausdruck in einer Reihe von Interieurs aus dem Jahre 1907, in denen Munch den Betrachter in

Weinende Frau, 1907,
Öl auf Leinwand,
121 × 119 cm

enge Bordellzimmer zwingt, deren netzartige Wände zu pulsieren scheinen. Man bekommt den Eindruck, als würden die Figuren an die Decken ihrer Zellen stoßen, in denen sie im Zustand unerträglicher Monotonie oder innerer Spannungen gefangen sind. Schon 1889 notiert Munch in Paris: „Es sollen nicht länger Interieurs mit Menschen gemalt werden, die lesen oder stricken. Es müssen lebende Menschen sein, die atmen, fühlen, leiden und lieben." Seine gemalten Räume bieten ihren Bewohnern keineswegs Geborgenheit und Schutz im Schoße der Familie, wie es etwa zeitgleich in Werken der nordischen Künstlerkolleginnen und -kollegen Anna Ancher, Carl Larsson oder Harriet Backer der Fall ist, vielmehr wirken sie wie bedrohliche Gefängnisse.

Eine willkommene Gelegenheit, solch lebendige und ungeschönte Interieurs zu schaffen, bietet sich Munch 1906 mit dem Auftrag, die Bühnenbilder zu Henrik Ibsens Dramen *Gespenster* und *Hedda Gabler* am Berliner Theater zu entwerfen. In diesem fast intimen Theater ist die Bühne nicht mehr vom Zuschauerraum getrennt, wodurch das Publikum nun geradezu in die Handlung einbezogen wird. In Munchs Bühnenentwürfen scheint sich das Interieur auf der offenen Kastenbühne in den Raum des Betrachters fortzusetzen und diesen somit geradezu in die Handlung einzubeziehen.

Ganz ähnlich geht er in seinen Gemälden vor. Fern jeder Idylle bringen seine klaustrophobischen Räume Isolation, Angst und Gefährdung zum Ausdruck. Munch zeigt sich dabei als sorgfältiger Regisseur, der sein breites Repertoire meisterhaft einzusetzen weiß, um beim Betrachter eine genau kalkulierte Wirkung zu erreichen. Verfremdung und Aufbrechen des Raumes

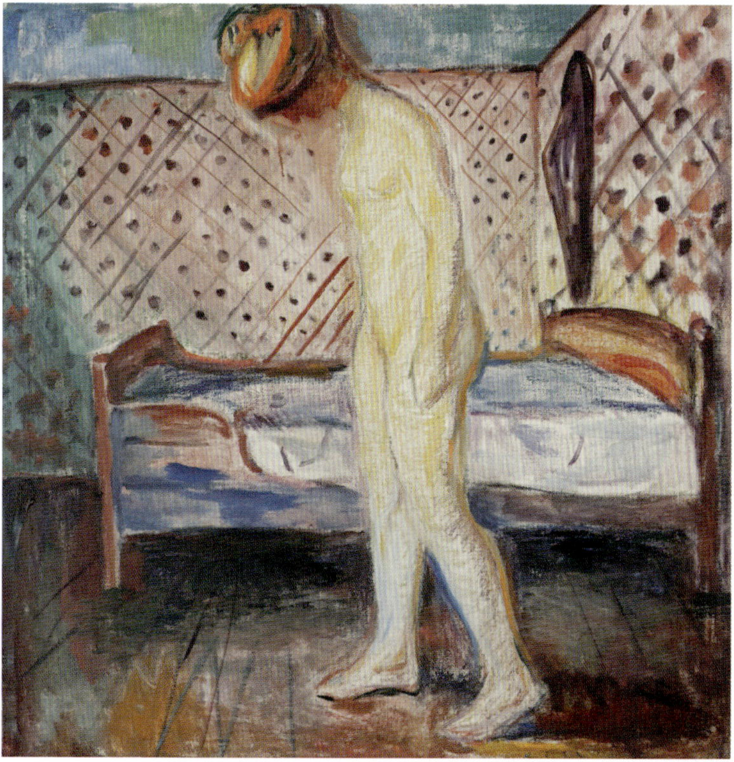

sind für ihn selbstverständlich, seine Auflösung hingegen nicht. Offenbar war er sich bewusst, dass seine Bilder ihren existenziellen Bezug verlieren würden, wenn das formale Experiment das Bild dominiert. Sein Interesse gilt der bedingungslosen Durchdringung verborgener Schichten der Seele und der Offenlegung ihrer irritierenden Botschaften, nicht jedoch der Dekonstruktion des Raums und damit der Realität seiner Figuren.

In seinem *Modell am Korbstuhl* (1919–21), in dem die Figur wie eine gefangene nackte Riesin in einem Labyrinth aus zu niedrigen Zimmern und schmalen Raumfluchten steht, schafft er eine geradezu surreale Wirkung. In Interieurdarstellungen wie *Nacht in Saint-Cloud* (1890), *Mondschein* (1895) oder *Pubertät* (1894) dienen die Schatten nicht etwa dazu, einer Figur eine Verankerung im Raum zu geben, sondern sie zu gefährden. Die Schatten werden gleichsam zur Übermacht über ihre „Herren". Die Übermacht solch bedrohlicher Schatten, die seiner Kunst Nahrung gibt, bringt ihn im wirklichen Leben an die Grenze zum Tod. Als er im Herbst 1908 in Kopenhagen einen schweren Nervenzusammenbruch erleidet, weiß er, dass er sich entscheiden muss, sein Leben grundsätzlich zu ändern oder Gefahr zu laufen, zu sterben. Munch wählt das Leben und lässt sich in den folgenden acht Monaten in der Kopenhagener Privatklinik von Dr. Daniel Jacobson behandeln.

Ausführlich berichtet er 1908 in Briefen an Karen Bjølstad über den Fortgang der Behandlung: „Wie ihr wohl bereits wisst [...] habe ich mich in ein Nervensanatorium eingewiesen [...]. Ich hätte dies bloß schon vor langer Zeit machen sollen, so hätte ich mir und dir und vielen anderen große Unannehmlichkeiten erspart." Etwas später schreibt er ihr in bester Laune, dass die Kur nun in vollem Gange ist: „Jeden Tag werde ich elektrifiziert, massiert und gebadet. [...] Es wäre doch herrlich das peinigende Nervenleiden einmal loszuwerden." Gegen Ende der erfolgreichen Behandlung 1908 schreibt er fast etwas wehmütig an den Freund und Autor Jappe Nilssen: „Ja, vorbei ist nun die Schmerz und Freunde vermengende Zeit des Alkohols – etwas eigenes, eine sonderbare Welt ist mir verchlossen." Und 1909 resümiert er in einem Brief an den Pädagogen Sigurd Høst: „Ich bin dem Orden ‚Rühre nichts an' beigetreten: Nikotinfreie Zigarren – Alkoholfreie Getränke, Ungiftige Frauen." An diese Vorsätze wird er sich in den fast 35 Jahren bis zu seinem Lebensende halten. In Munchs Leben beginnt eine neue, ruhigere Phase, die seine Kreativität jedoch keineswegs mindert.

Spätestens in den Jahren vor dem Ersten Weltkrieg hält Munch durch Ankäufe Einzug in zahlreiche der führenden Museen moderner Kunst in Deutschland. Wie eng Munch sich seit seinem Skandalerfolg von 1892, anlässlich der Ausstellung des Vereins Berliner Künstler, den modernen deutschen Künstlern verbunden fühlt, zeigen auch seine finanzielle Unterstützung junger deutscher Künstler während des Ersten Weltkriegs, der Kauf von 73 Grafiken bedürftiger deutscher Kollegen im Jahr 1922 sowie die Finanzierung einer Lofoten-Reise des jungen Ernst Wilhelm Nay 1937. 1927 wird Munch in der Berliner Nationalgalerie durch seine mit 244 Arbeiten bis dahin größte Ausstellung geehrt. Doch zehn Jahre später erfährt diese Ehrung ihr jähes Ende, als die Nationalsozialisten 82 Werke Munchs aus deutschen Sammlungen konfiszieren und für **„entartet“*** erklären. Gegen anfängliche Vereinnahmungsversuche durch die Nationalsozialisten hat Munch sich stets erfolgreich zu wehren gewusst.

ÜBERS MEER ZURÜCK NACH NORWEGEN

Am 20. Mai 1909 dankt Munch seinem engen Freund Ludvig Ravensberg in einem Brief aus Kragerø für dessen „hervorragendes Arrangement und das nette Zusammensein“. Ravensberg hat sich mit Munch in Kopenhagen eingeschifft. Sein Ziel ist es, den genesenden Künstler nach Norwegen zu holen. Die Schiffsreise führt sie entlang der norwegischen Südküste. In dem beschaulichen Küstenstädtchen Kragerø geht Munch von Bord und mietet ein geräumiges Haus mit weitem Blick über

Schären auf das offene Skagerrak. „Ich habe daran gedacht“, schreibt er kurz nach der Ankunft an den Rechtsanwalt Harald Nørregaard, „ein Haus an der Küste in der Nähe von Kragerø zu mieten – Ich brauche das offene Meer und den Wald – – wenn nur die Feinde mich in Ruhe lassen, so dass ich meine Gesundheit wiedergewinne, die sie mir ruiniert haben.“

Ich werde nun auf das Leben blicken – im wehmütigen träumenden Licht der Abendsonne im Schlafrock in einem ungeschützten Garten spazierend [...].

Edvard Munch, Notiz, 1909

Der erneute Kontakt mit der Natur und Kultur der norwegischen Küste resultiert in einer intensiven Auseinandersetzung mit der unmittelbaren Umgebung. Die Lust am expressiven Experimentieren im Grenzbereich zur Abstraktion setzt sich fort, wie das Bild *Kinder auf der Straße* (1910–15) zeigt. Nach vielen Wintern in deutschen Großstädten reizt ihn besonders die Darstellung von Schnee und Sonnenlicht in der Natur. Der norwegischen Hauptstadt Oslo, in der drei Jahrzehnte zuvor sein Künstlerleben im Umkreis der Kristiania-Boheme begann und die er wegen der angeblichen Missachtung seiner Kunst und nicht zuletzt wegen der dramatischen Trennung von Tulla Larsen lange Zeit gemieden hat, wird er sich Schritt für Schritt annähern. Von Kragerø siedelt er über nach Hvitsten am östlichen Ufer des Oslofjordes, wo er 1910 das Anwesen Nedre Ramme kauft. 1913 mietet er etwas weiter südlich das Gut Grimsrød auf der Insel Jeløya unweit der Kleinstadt Moss. 1916 wird er dauerhaft auf den Besitz Ekely an der Stadtgrenze Oslos ziehen.

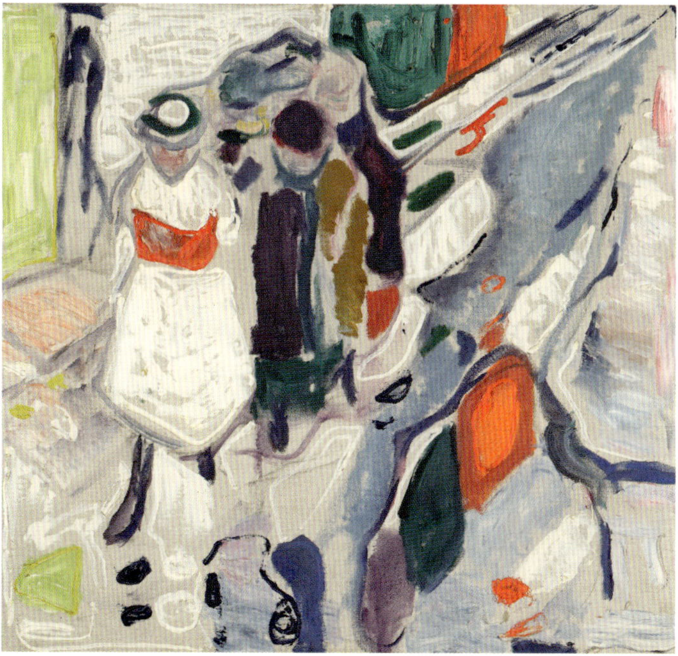

Kinder auf der Straße, 1910–15, Öl auf Leinwand, 92 × 100 cm

Die vermeintlichen Feinde, von denen er sich über Jahre verfolgt fühlt, verschwinden zunehmend aus seinen Aufzeichnungen. Grund dafür ist nicht zuletzt der nun einsetzende Erfolg in seiner Heimat. Bereits 1908 wird ihm der Königlich Norwegische Orden des heiligen Olav verliehen, und seit 1909 kann die norwegische Nationalgalerie dank einer umfangreichen Schenkung und weiterer Ankäufe zentraler Werke Munchs Kunst gebührend präsentieren. Der norwegische Sammler Rasmus Meyer und später auch Rolf Stenersen bauen umfangreiche Munch-Sammlungen auf, die später in öffentliche Museen übergehen werden. „Am Ende", so schreibt er rückblickend in einem undatierten Skizzenbuch, „siegte ich und das Geld kam nachdem ich die ersten 45 Jahre wie ein Vagabund gelebt hatte." Befreit von den finanziellen Sorgen,

Heute habe ich in meinem Freiluftatelier Schnee geschaufelt [...]. Es kommt wohl selten vor, dass ein Atelier voller Schnee ist.

Edvard Munch, undatiertes Skizzenbuch

pendelt der Künstler zwischen seinen unterschiedlichen norwegischen Domizilen entlang des Oslofjordes. Als er am 12. Dezember 1913 seinen 50. Geburtstag feiert, werden ihm zahlreiche internationale Ehrungen zuteil. 1914 gewinnt er den prestigeträchtigen Aula-Wettbewerb. Endlich ist sein nationaler Triumph eine Tatsache.

DAS FREILUFTATELIER: MALEN *MIT* DER NATUR

Viele Künstler der Moderne wurden erfinderisch, um der Natur in umgebauten Booten, Zirkuswagen oder mobilen Atelierkonstruktionen bei jedem Wetter so nahe wie möglich zu kommen. Doch als Munch 1910 im Garten seines Hauses in Kragerø sein erstes Freiluftatelier bauen lässt, geht es ihm nicht darum, seinen Motiven näherzukommen, sondern genügend Platz für die Großformate der Aula-Bilder zu schaffen. Das Atelier besteht aus drei u-förmig angeordneten, etwa fünfzehn Meter langen und vier Meter hohen Bretterwänden mit vorkragendem, schmalem Dach. Fotos zeigen, wie er im Schnee parallel an verschiedenen Gemälden arbeitet. Über die Lösung von Platzproblemen hinaus – für den *Freia-Fries* (1922) benötigt er erneut sehr große Wände – scheint er Gefallen am Arbeiten im Freien zu finden. So lässt er auch in seinen späteren Wohnsitzen in Hvitsten und auf Jeløya jeweils ein Freiluftatelier und auf seinem Anwesen Ekely schließlich drei errichten.

Munch nutzt die Ateliers nicht nur zum Arbeiten, sondern auch, um seine Gemälde über längere Zeit der Witterung auszusetzen. Hier geht es also – erstmals in der Kunstgeschichte –

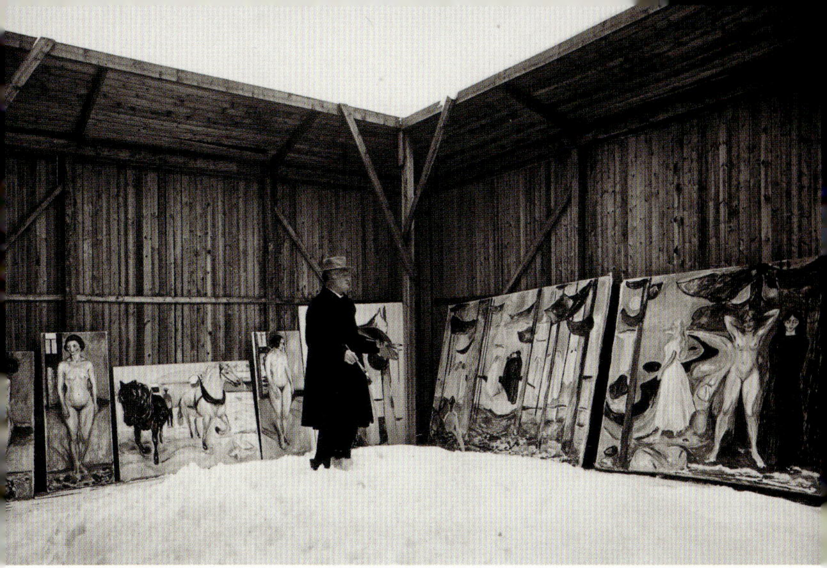

Edvard Munch in seinem Freiluftatelier, Ekely, um 1925

auch um die bewusste Einbeziehung der Natur in den künstlerischen Prozess. Indem er Regen, Sonne, Schnee, aber auch die Hinterlassenschaften neugieriger Vögel über längere Zeit auf seine Werke wirken lässt, provoziert er eine Art Patina auf der Oberfläche. Was heute den Restauratoren zu schaffen macht, dient Munch gleichsam als natürlicher Firnis seiner Werke.

DER BLICK IN DIE AUFGEHENDE SONNE

Inspiriert vom Panoramablick, den ihm sein Haus in Kragerø auf das Skagerrak eröffnet, entstehen zwischen 1910 und 1913 neun Gemäldeversionen der über dem Meer aufgehenden Sonne. Damit bereitet er das zentrale Motiv des Bilderzyklus für die Aula der Universität in der Hauptstadt vor. Der Lichtraum der Sonne verdrängt nun gleichsam das verklärende Mondlicht, das so charakteristisch für Munchs Kunst der 1890er-Jahre ist. Ausgehend von dem gleißend weißen Zentrum verbindet Munch die Strahlen des Himmelskörpers aus unzähligen zentrifugalen Pinselstrichen zu einem leuchtenden Farbgewebe aus radialen und konzentrischen Linien. Die Sonnen-Gemälde zeigen seine Faszination für das vielleicht schwierigste Motiv der Malerei.

Munch sieht die Himmelskörper des Universums nicht als ferne Naturphänomene, sondern als wesenhafte Akteure im Spiel der Kräfte, die einen unmittelbaren Einfluss auf das Seelenleben des Menschen haben und in denen sich Mikro- und Makrokosmos entsprechen. „Die Schicksale der Menschen", so schreibt er 1904 in einem Skizzenbuch, „sind wie Planeten, die aus der Dunkelheit kommen, um wieder im Dunkeln zu verschwinden nur einige verschmelzen In leuchtenden Flammen."

Ob im Strahlenkranz der Sonne, unter dem Sternenhimmel oder im Licht des Mondes – Munch zeigt eine Welt, in der die

Die Sonne, 1911, Öl auf Leinwand, 455 × 780 cm

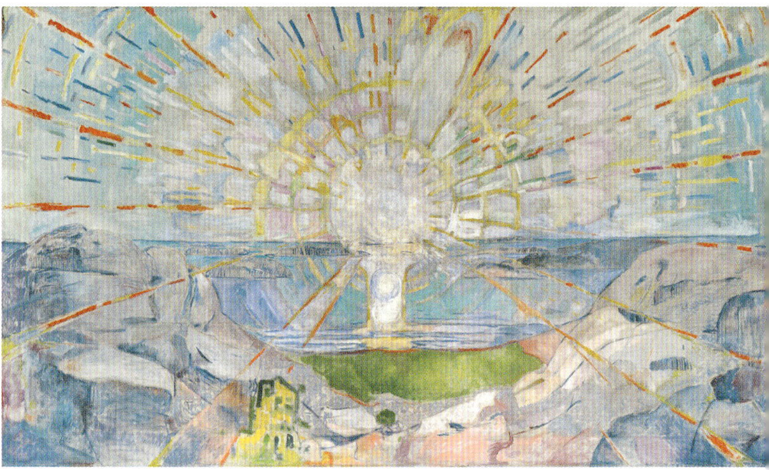

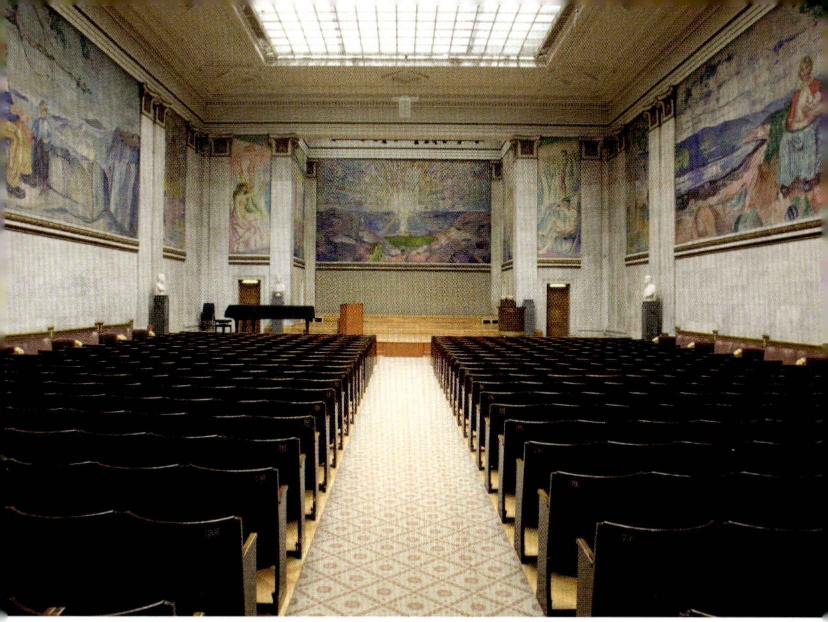

Aula der Universität in Oslo mit Edvard Munchs *Sonne* an der Stirnwand

Menschen und ihre Beziehungen schicksalhaft in den ewigen, universellen Rhythmus der Welt eingebunden sind, wie es der Holzschnitt *Begegnung im Weltall* von 1898/99 eindrücklich veranschaulicht. „Ein Kunstwerk", so notiert er 1929, „ist ein Kristall – so wie der Kristall Seele und Willen hat, muss auch ein Kunstwerk beides haben." Die Auseinandersetzung mit der Beziehung zwischen Mensch und Universum zeigt Munchs Nähe zu Ideen und Motiven der Romantik, wie wir sie aus Gemälden von Caspar David Friedrich oder dem Norweger Johan Christian Dahl aus dem frühen 19. Jahrhundert kennen. Wie bei diesen sind es nicht die fernen Himmelskörper an sich, sondern die von ihnen ausgehenden Kräfte – die Spiegelungen des Mondscheins, die flimmernden Strahlen der Sonne oder das magische Funkeln der Sterne am nächtlichen Himmel –, auf die Munch unsere Aufmerksamkeit lenkt.

Ekely – ein Nachtwanderer unter blühenden Apfelbäumen

ZU HAUSE ANGEKOMMEN

Im Frühling 1916 bezieht Munch im Alter von 53 Jahren den Besitz Ekely (zu Deutsch: Im Schutze der Eichen) an der westlichen Stadtgrenze Oslos. Auf dem rund fünf Hektar großen Gelände dieser ehemaligen Amtsgärtnerei befindet sich unter anderem eine große Obstplantage. Munch hält eine Kuh, Schweine, ein Pferd und Hühner. Die Villa wird zum ersten dauerhaft festen Wohnsitz im Leben des Künstlers. Auch wenn er in den folgenden Jahrzehnten immer wieder seine verschiedenen Häuser aufsucht, stellt der Umzug nach Ekely für Munch den Beginn eines neuen, langen Lebensabschnittes und vermutlich eine Art schicksalhafter Belohnung seines von zahlreichen inneren und äußeren Krisen gekennzeichneten Lebensweges dar. Offenbar erfüllt das Gut mit seiner parkähnlichen Umgebung in hervorragender Weise die räumlichen, motivischen und atmosphärischen Bedingungen, die er an sein Domizil stellt.

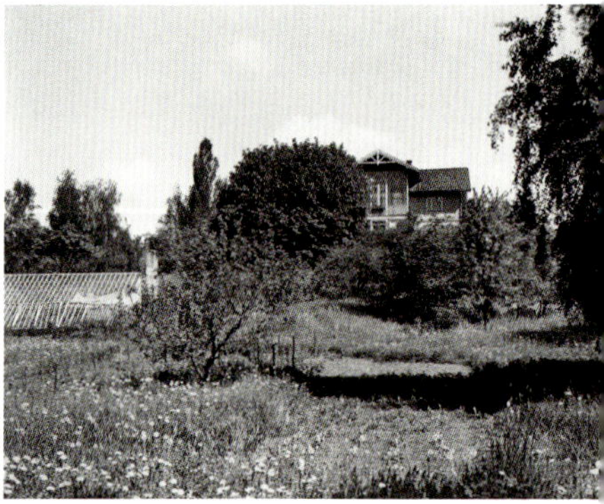

Edvard Munchs gelbe Villa auf Ekely oberhalb der Obstplantage, 1933

Genau auf halbem Weg zwischen seinem ersten längeren Parisaufenthalt 1889 und dem Ende seines Lebens markiert der Umzug nach Ekely für Munch in künstlerischer Hinsicht eine neue Freiheit. Unterbrochen von bisweilen ausgedehnten Reisen durch zahlreiche Metropolen Nord- und Mitteleuropas, die ihn etwa 1927 bis nach Rom führen, konzentriert er sich ganz auf seine Arbeit. Mit unbeschwerter Neugier bricht sich bei dem alternden Künstler eine neue Richtung in der Malerei Bahn. Sein Lebensmuster hat sich gewendet: Er ist nicht länger auf der rastlosen Suche nach inneren Bildern für seine Kunst, sondern schöpft neue Motive und Themen aus dem Mikrokosmos seiner unmittelbaren Umgebung. An Stelle des erinnerten Eindrucks rückt nun das unmittelbare Erleben als Motivation zum Malen.

[...] dass ich der Stadt der Schmerzen einmal mitten ins Gesicht sehen muss – das wird meine Genesung sein – und ich muss es, wenn ich mein Vaterland nicht verlieren will.

Edvard Munch, Notiz, 1909

Munch scheint nun am Sehnsuchtsziel angekommen zu sein: Wohlhabend und berühmt lebt er zurückgezogen inmitten ländlicher Natur und doch nahe der Stadt, in der seine Kunst ihren Anfang nahm. Ihm werden wichtige internationale Ehrungen zuteil, und seine Werke werden in zahlreichen internationalen Ausstellungen von Wien bis in die USA gefeiert. Doch sehnt sich der Maler, der sich Mitte der 1920er-Jahre mehrfach als rastlosen Nachtwandler darstellt, in seinem Idyll bisweilen zurück in die hektische Zeit fern der Heimat. „Hier zu Hause“, so notiert er 1933, „werde ich von der Schuld erdrückt und fühle Missgunst und den kalten Hauch des Bösen. Es herrscht keine Atmosphäre, die mich voranbringt und mich zur Arbeit

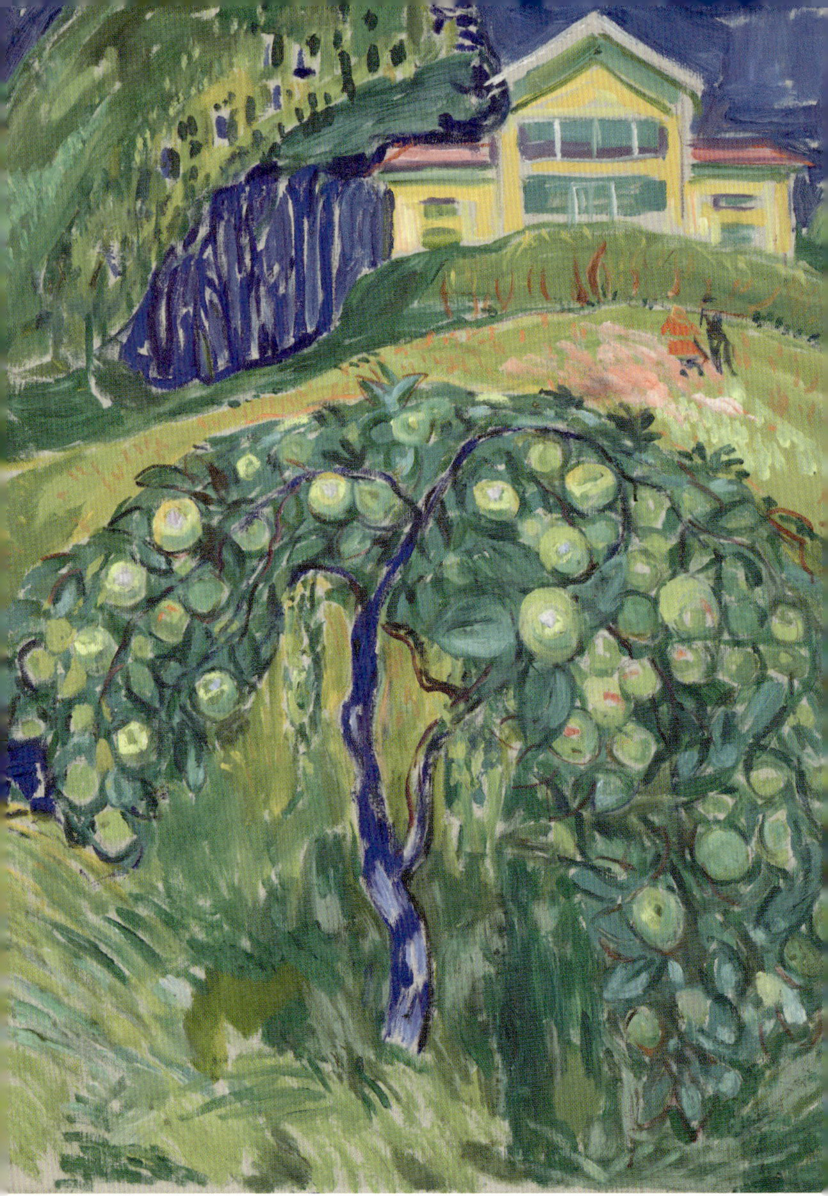

Apfelbaum im Garten, 1932–42, Öl auf Leinwand, 100,5 × 77,5 cm

antreibt. Da war es besser, als ich den Sturm gegen mich fühlte. Das hat meine Kräfte gestärkt." Das leuchtend gelbe Haus mit der reich verzierten, weißen Veranda nutzt er jedoch keineswegs als gesellschaftlichen Salon. Nur zwei Räume der großen Villa richtet er mit alten Möbeln aus Familienbesitz ein, alle anderen Zimmer überlässt er „seinen Kindern", den Kunstwerken der letzten Jahrzehnte. Nachdem das Haus hoffnungslos mit alten und neuen Gemälden, Zeichnungen und Stapeln von Druckgrafik überfüllt ist, lässt er auf dem Grundstück im Laufe der Jahre drei Freiluftateliers, mehrere hölzerne Ateliergebäude sowie das sogenannte Winteratelier errichten.

Die bewusste Isolation, der Verzicht auf Alkohol, Tabak und die Distanz zur Gesellschaft sind Munchs selbst verordnete Medizin, um seine alten Dämonen in Schach zu halten. Doch ist er nicht der einsame Eremit, zu dem er sich gern selbst stilisiert. Munch nimmt Anteil am Lauf der Welt, bringt seine mehr als 3000 Bände umfassende Bibliothek nach Ekely, kauft ein Radio, ist eifriger Zeitungsleser und nutzt häufig das Telefon. Zu seinem kleinen, aber engen Freundeskreis gehören der Autor Christian Gierløff, der mit Munch verwandte Maler Ludvig Ravensberg und der Anatom Kristian Emil Schreiner. 1921 lernt er den Unternehmer Rolf Stenersen kennen, der zu Munchs Manager, Sammler und engstem Vertrauten wird.

Wichtiger Grund für den Kauf des Anwesens dürften die Motive gewesen sein, die sich dem neuen Hausherrn hier bieten. Hier stehen 400 Apfel- und Kirschbäume sowie ein Wäldchen mit uralten knorrigen Ulmen. Darüber hinaus kann er von der erhöht liegenden Villa über den weitläufigen Garten auf die umliegenden Äcker, nach Nordwesten hinauf zum Holmenkollen und bei Nacht auf die leuchtende Hauptstadt am Fjord blicken.

Munch ist nun Maler und Gutsherr zugleich. Seine Angestellten pflegen den Garten, kümmern sich um die Ernte und versorgen den kleinen Tierbestand. Doch herrscht hier ein merkwürdiger Gutsherr: Auf Ekely werden die Felder und Obstplantagen nicht für den kommerziellen Anbau, sondern allein für den Künstler bestellt. Munch lässt die Natur als Modell für seine Kunst arrangieren. Herausragende Gemälde der Ekely-Zeit, wie *Sternennacht* (1922–24), wo in dem Schatten des Künstlers auf der Veranda seine Einsamkeit und Unruhe greifbar wird, *Knorrige Baumstämme II* und *Pferdegespann und Bernhardiner im Schnee*, beide von 1923, zeigen, mit welcher Begeisterung er seine neue Umgebung künstlerisch aufnimmt. Munchs neue Bilder zeichnen sich durch Spontaneität, vitale Gestik und einen sprühenden Kolorismus aus. Der Einklang von Mensch und Natur wird in Werken wie *Frau mit Mohnblumen* (1918/19), *Apfelbaum im Garten* (1932–42) oder *Mann im Kohlfeld* (1943) in einer ganz konkreten Weise und mit einer in seinem Werk bis dahin unbekannten malerischen Frische und Lockerheit dargestellt.

Es ist bezeichnend, dass Munch sich in dieser Phase erstmals vermehrt mit dem Aquarell, dem wohl am meisten unterschätzten Medium der Kunstgeschichte, beschäftigt. Die Nass-in-Nass-Technik, die zu schnellem Arbeiten zwingt und keine Korrekturen zulässt, kommt nun insbesondere auf Ekely seiner expressiven Ausdrucksweise und der Einbeziehung des Zufalls entgegen. Herausragend sind eine Reihe weiblicher

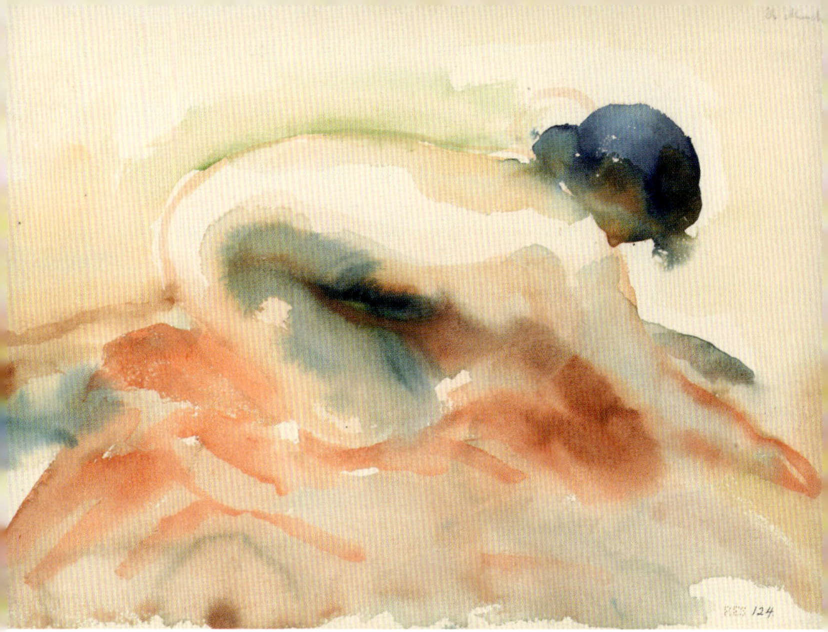

Kniender weiblicher Akt, um 1921, Aquarell, 35,5 × 50 cm

Akte und Selbstporträts der 1920er-Jahre, in denen er die Möglichkeiten des Mediums mit gewagten Verläufen und ungewöhnlichen Ansichten auslotet. Petrolblaue Haare, zitronengelbe Körper, dunkelrote Schatten oder hellblauer Schnee zeigen, dass das Experiment mit unsicherem Ausgang wesentlich für Munchs künstlerische Praxis ist.

DER KÜNSTLER UND SEINE MODELLE

Von festen Beziehungen Munchs zu Frauen ist in den Jahrzehnten nach seiner Genesung und Übersiedelung nach Norwegen nichts bekannt. Allerdings spielen insbesondere in der Ekely-Zeit professionelle Modelle eine wichtige Rolle für seine Kunst. Spätestens seit 1902 arbeitet er oft über längere Zeiträume hinweg mit demselben weiblichen Modell, mit dem er oftmals gemeinsam ganze Werkreihen entwickelt. Zahlreiche Notizen belegen, dass der Künstler seine Modelle stets

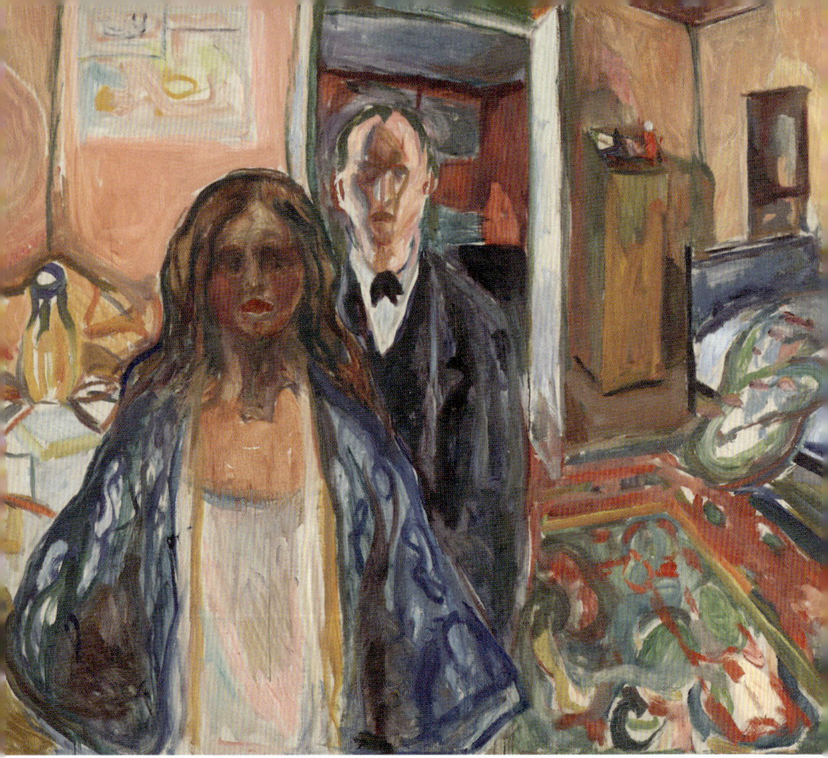

Der Künstler und sein Modell, 1919–21, Öl auf Leinwand, 128 × 153 cm

gut bezahlt. Jenseits der gegenseitigen Inspiration zwischen Modell und Maler ist von engeren persönlichen Beziehungen nichts bekannt.

Mit Rosa Meissner, die er mehrfach fotografiert, entwickelt er 1907 das Motiv der *Weinenden Frau,* während das Modell Ingeborg Kaurin von 1911 bis 1913 zur Protagonistin einer Reihe von experimentellen Akten, vielen Variationen zum Thema Eifersucht sowie des Doppelporträts *Verführer* (1913) mit dem Künstler wird. Gleich nach dem Einzug auf Ekely ist Munchs erstes Modell die erst sechzehnjährige Frøydis Mjølstad, die bis 1924 seine Haushälterin ist und als die *Dame mit dem blauen Hut* bekannt wird. Im November stellt er den dunkelhäutigen Afrikaner Sultan Abdul Karim als Diener, Kutscher und Modell ein. 1918 bis 1924 steht die 1897 geborene Revueartistin Annie Fjeldbu in ihren Tourneepausen Modell für Munch und inspiriert ihn in den Jahren 1919 bis 1923 zu einer innovativen Reihe expressiver Akte. Eines der eindrücklichsten Werke der Ekely-Zeit ist *Der Künstler und sein Modell* (1919–21), ein spannungsreiches Doppelbildnis, das den alternden Künstler hinter seinem jungen Modell wie erstarrt vor dem eigenen Spiegelbild zeigt. Das aufgrund des Gemäldes *Das gotische Mädchen* (1930) wohl bekannteste aller seiner Modelle ist Birgit Prestøe, die er ab 1924 häufig malt. Ihr schlanker Körper und ihr schmales Gesicht geben ihr eine vergeistigte Wirkung. 1932 bis 1942 arbeitet er mit dem Modell Hanna Brieschke, das er als das Mädchen aus dem Nordland bezeichnet. Schließlich hält mit der 1919 geborenen Studentin Dorothy Boleyn Drewry ein strahlendes Rapsgelb Einzug in Munchs letzte Gemälde.

Selbst wenn er die Frau in seinen Bildern bisweilen zur Mörderin seiner selbst macht, zeigen seine Werke doch stets Respekt oder gar Bewunderung für das andere Geschlecht. *Madonna* (1894), *Pubertät* (1907), Bildnisse seiner Geliebten sowie die unterschiedlichen Typen seiner Modelle auf Ekely belegen, dass Munchs Frauenbild alles andere als einheitlich ist. Vom Typus der Femme fatale über emphatisch-einfühlsame Darstellungen bis hin zur idealisierten Mutterschaft trifft man auf ganz unterschiedliche Frauenbilder, die sowohl Munchs vielseitige Eigenständigkeit als auch ein sensibles Gespür für den Wandel der Rolle der Frau zwischen den 1890er- und 1940er-Jahren belegen.

SPÄTWERK UND KEIN ENDE DER NEUGIER

Trotz der neuen Themen lassen sich die alten Sujets nicht einfach abstreifen. Durch die neuen Versionen zentraler Motive des *Lebensfrieses*, mit denen Munch sich Mitte der 1920er-Jahre auf Ekely intensiv beschäftigt, bleibt er mit seinem früheren Schaffen in Verbindung, entwickelt es aber gleichzeitig weiter. Eine Reihe von Motiven der 1890er-Jahre werden nun in einem dezidiert malerischen Stil, in stark leuchtenden Farben und teils flächig-abstrakten Strukturen neu gestaltet.

Sternennacht, 1922–24, Öl auf Leinwand, 120,5 × 100 cm

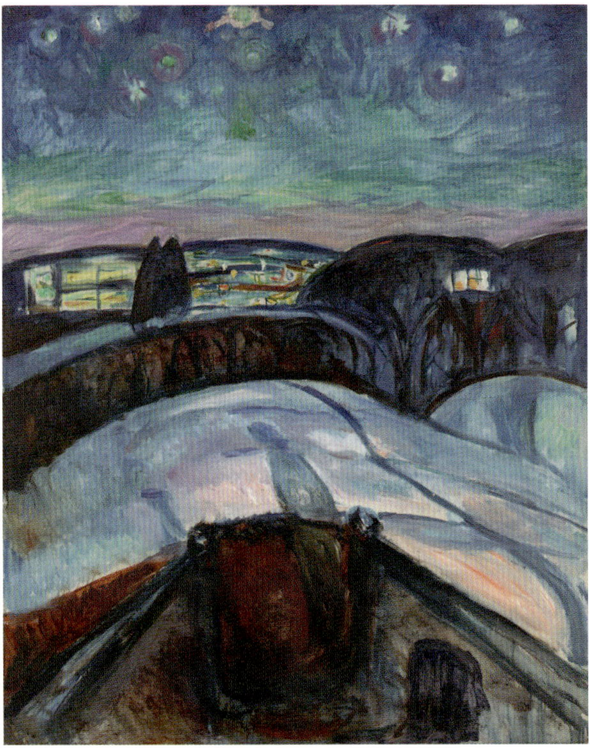

„Mit meinen früheren Bildern habe ich abgeschlossen. Ich arbeite weiter. Ebenso, wie man in vergangenen Tagen meine Bilder nicht verstanden hat, versteht man nun meine späteren Werke nicht. Es ist einfach so, dass man nicht begreift, dass auch ein alter Künstler sich weiterentwickelt."

Edvard Munch, Notiz, 1933

Im selbst geschaffenen Universum seiner Kunst, nahezu losgelöst von direkten Einflüssen der internationalen künstlerischen Entwicklungen, zeigt sich in der langen Ekely-Periode sowohl der Bruch als auch die Kontinuität mit seinem Schaffen der vorhergehenden Jahrzehnte. Mit ihrem ornamentalen und eindringlichen Charakter scheinen die neuen Varianten der großformatigen *Lebensfries*-Motive *Asche, Tanz des Lebens* und *Frau in drei Stadien* der 1920er-Jahre den locker gemalten Landschaftsausschnitten von Ekely geradezu unvereinbar gegenüberzustehen. Und doch gibt es einen wichtigen Anknüpfungspunkt: Die Konzeption des Zyklus entpuppt sich nicht nur als Grundgedanke des *Lebensfrieses*, sondern auch der Ekely-Landschaften, die in der Zusammenschau einen Kreislauf oder, wenn man so will, einen „Fries" der Jahreszeiten und der jahreszeitlich wiederkehrenden Atmosphären und Erscheinungen ergeben.

In Munchs Spätwerk klingt nichts aus, sondern seine malerische Meisterschaft nimmt noch zu. Antrieb ist die nie erlahmende Lust am Malen, die ihn bis zum Schluss nicht ver-

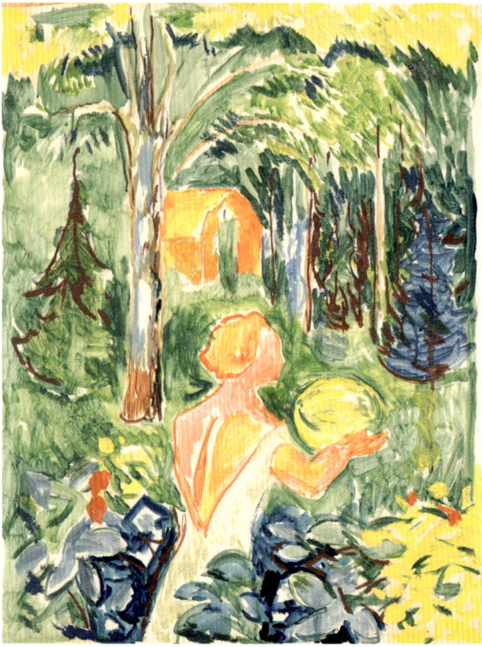

Frau mit Kürbis, 1942,
Öl auf Leinwand,
129 × 100 cm

lässt. „Ich arbeite jedenfalls immer an meinen Bildern. Eigentlich“, so liest man in einer Notiz von 1939, „warte ich nur darauf, Lust zum Malen zu bekommen. Ich kann es nicht aushalten, wenn ich mich weit weg von Kohlestift und Pinsel aufhalte. Ich muss wissen, dass eine Welle auf mich zukommt, die mich erfasst. Dann lege ich den Stift und Pinsel parat.“ Von einem retardierenden und anachronistischen Spätwerk der Ekely-Zeit kann nicht die Rede sein. In ihrer unbeschwerten Frische und hemmungslosen Expressivität sind viele der fast 600 Gemälde, die hier in 28 produktiven Jahren entstehen, Resultat einiger der vielleicht glücklichsten Schaffensmomente des großen Norwegers. Munch hinterlässt bei seinem Tod 1944 ein vielstimmiges und zum Teil dissonantes „Spätwerk“, das aus der Gleichzeitigkeit von aktualisierten Rückgriffen und innovativen Neuentwicklungen resultiert.

Dass er sich mit fortschreitendem Alter Gedanken um den zukünftigen Verbleib seiner Kunst macht, belegt die Tatsache, dass er bereits 1940 testamentarisch festlegt, nach seinem Tod sämtliche in seinem Besitz befindlichen Werke der Stadt Oslo zu vermachen. Dies geschieht sicher auch in Hinsicht darauf, dass die Nationalsozialisten Norwegen am 9. April des Jahres überfallen und in den folgenden Monaten besetzen, sodass Munch versucht, eine drohende Konfiszierung seines Lebenswerks durch die deutschen Besatzer zu verhindern. Munch lehnt jede Zusammenarbeit mit den Nationalsozialisten kategorisch ab und verweigert jeden Kontakt mit den deutschen Besatzern. Die Aufforderung, Ekely binnen vierzehn Tagen zu verlassen, bleibt nach Ablauf der Frist folgenlos. Die enorme Menge von mehr als 20 000 zumeist späteren Werken, die sich nach seinem Tod auf Ekely finden, bildet heute den Grundstock der Sammlung des Munch-Museums in Oslo.

DEM TODE TROTZEN

Am 19. Dezember 1943 explodieren im Hafen von Oslo mehrere hundert Tonnen Sprengstoff. Die Druckwelle zerstört einige Fensterscheiben der etwa fünf Kilometer entfernt gelegenen Villa auf Ekely. Munch zieht sich eine Lungenentzündung zu, an deren Folgen er am 23. Januar 1944 80-jährig friedlich in seinem Haus stirbt.

In den fast drei Jahrzehnten, in denen er hier lebt, entstehen kontinuierlich existenzielle Selbstporträts, in denen er sich immer wieder zwischen zur Schau gestellter Stärke, einsamer Depression und ironischer Selbstbespiegelung mit Einsamkeit, Alter und Tod auseinandersetzt. „Wenn ich Krankheit und Trauer male“, so liest man in einer Notiz aus den Jahren 1930–43, „ist

Spurensuche

Die wichtigsten Munch-Sammlungen finden sich in zwei ganz neuen, direkt am Fjord gelegenen Museen in der Osloer Innenstadt: dem Nationalmuseum mit den berühmten Munch-Ikonen und dem Munch-Museum mit seiner reichen Sammlung überwiegend späterer Werke. Darüber hinaus gehören das Kunstmuseum in Bergen (KODE) und die Aula der Osloer Universität zu den wichtigsten Zielen für Munch-Fans. Das 1963 bewusst in einem Arbeitervorort von Oslo eröffnete Munch-Museum konnte sein Potenzial dort nie entwickeln. Der Beschluss für einen Neubau in der Innenstadt am Fjord war insofern ein kluger Schachzug. Die Ästhetik des vom spanischen Büro Estudio Herreros gezeichneten „Lambda"-Baus mit dem markanten Knick ist umstritten, die Aussicht vom 13. Stock ist allerdings nicht nur eindrucksvoll, sondern eröffnet auch einen Panoramablick auf Munchs Fjordlandschaft.

Doch gibt es eine Reihe weiterer Orte, die uns bis heute die Atmosphäre seiner Kunst erleben lassen. An erster Stelle steht Munchs kleines Sommerhaus in Åsgårdstrand am westlichen

Das MUNCH, Neubau des Munch-Museums in Oslo, eröffnet 2021

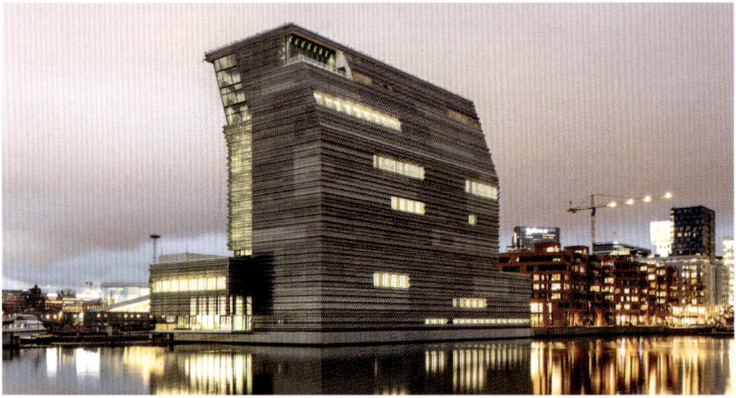

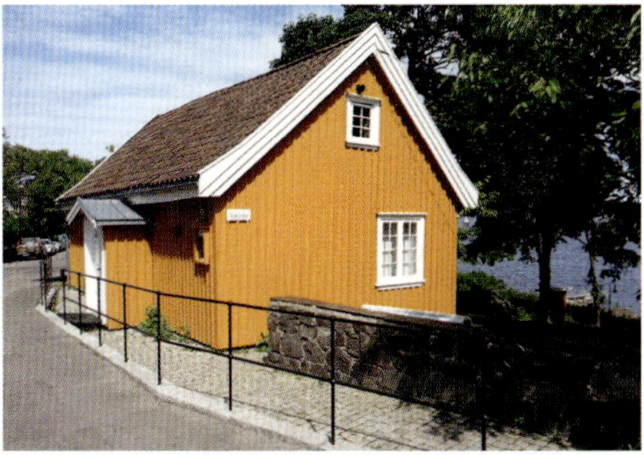
Munchs Haus in Åsgårdstrand

Ufer des Oslofjordes. Einen Steinwurf entfernt liegt der aus dem Gemälde *Mädchen auf der Brücke* (1901) bekannte Anleger. Etwas weiter nördlich auf der anderen Seite des Fjordes bei Vestby ist Munchs Villa Nedre Ramme in den letzten Jahren aufwendig restauriert worden.

Auch wenn das von ihm bewohnte Haus in Kragerø einem Brand zum Opfer fiel, kann man in dem beschaulichen Küstenort gut ausgeschildert auf den Spuren Munchs wandeln und die Stelle finden, die ihm die Inspiration zur *Sonne* (1911) gegeben hat. Einen ähnlichen Spazierweg mit Hinweisschildern zu einzelnen Motiven gibt es auf der Insel Jeløya bei Moss, wo Munch zeitweise ein großes Gut gemietet hat. In Oslo bietet die Stelle, die die Inspiration zur landschaftlichen Perspektive für das Gemälde *Der Schrei* gegeben haben kann, im Skulpturenpark Ekebergparken einen spektakulären Aussichtspunkt. Weniger eindrucksvoll sind hingegen die Reste von Munchs Anwesen Ekely. Die gelbe Villa wurde 1960, nur drei Jahre vor Öffnung des Munch-Museums abgerissen. Allerdings existieren das Winteratelier, in dem Ausstellungen junger Künstler gezeigt werden, sowie die Gartenlaube bis heute. Die Gemeinde Løten östlich von Hamar hat seinem berühmten Sohn auf dem Hof, auf dem er geboren wurde, eine kleine Ausstellung eingerichtet. Außerhalb Norwegens ist das Munch-Haus in Warnemünde einen Besuch wert.

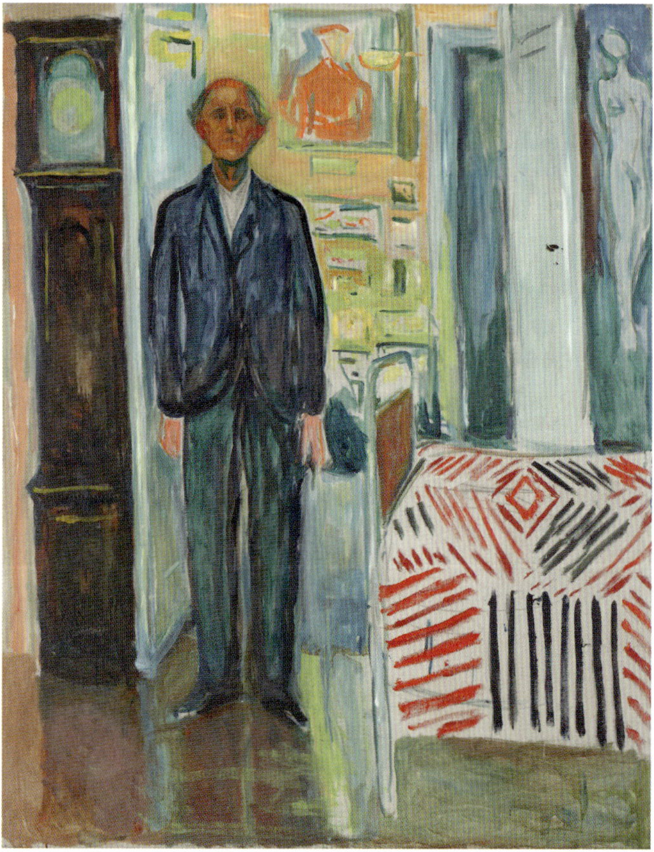

Selbstbildnis. Zwischen Uhr und Bett, 1940–43, Öl auf Leinwand, 149,5 × 120,5 cm

In seinem letzten großen Selbstbildnis steht der Künstler auf der Schwelle zwischen dem hell erleuchteten Atelier und dem dunklen Schlafraum auf Ekely. Seine Lebenszeit läuft ab, der Tod wartet. Trotz oder gerade wegen der Vanitas-Symbolik ist die selbstironische Färbung nicht zu übersehen. Mit fast aufmüpfig vorgeschobenem Kinn scheint er dem Tod zu trotzen, während er uns wie beiläufig hinter der Tür neben dem Bett das Bild einer nackten Frauengestalt in bläulichem Licht entdecken lässt.

das trotzdem ein gesunder Ausbruch. Es ist eine gesunde Reaktion, von der man lernen kann und nach der man leben kann."

Das Todesthema bildet nicht nur am Ende seines Lebens, sondern insbesondere zwischen 1893 und 1900 und erneut 1906/07 einen dominierenden Grundton in seinem Œuvre. Obwohl oft durch tragische Erinnerungen aus dem eigenen Leben motiviert, sind seine Bilder von Krankheit und Tod weitaus mehr als Dokumente eigener traumatischer Erlebnisse. So ist etwa das Gemälde *Tod im Krankenzimmer* von 1893 zwar auf den Tod der Mutter 1868 zurückzuführen. Gleichwohl zeigt das Bild den Künstler, der zum Zeitpunkt ihres Todes erst fünf Jahre alt war, und drei seiner Geschwister als Erwachsene. Während ihre unterschiedlichen Reaktionen das Bildgeschehen dominieren, bleibt die Sterbende mit dem Vater des Künstlers im Hintergrund von einem Stuhl verdeckt. Die Protagonisten werden anonymisiert, der Tod zeigt seine Präsenz in erster Linie in den entindividualisierten Emotionen der Weiterlebenden.

Dass Munch die Todesthematik mit fortschreitendem Alter erneut beschäftigt, zeigt etwa seine Lithografie *Der Anatom Schreiner I* (1928/29), die eine Obduktion zeigt. Munch lässt keinen Zweifel daran, dass der Künstler sich hier selbst als Leichnam dargestellt hat. Lapidar bemerkt er in einem Notizbuch aus den Jahren 1930–35: „Wir sterben nicht, die Welt erstirbt uns." Der zu einem stummen Schrei geöffnete Mund in *Selbstporträt mit Spanischer Grippe* von 1919, das während der Epidemie entsteht, die weltweit nahezu 50 Millionen Opfer fordert, zeigt eindrücklich, wie Munch sein Kranksein nutzt,

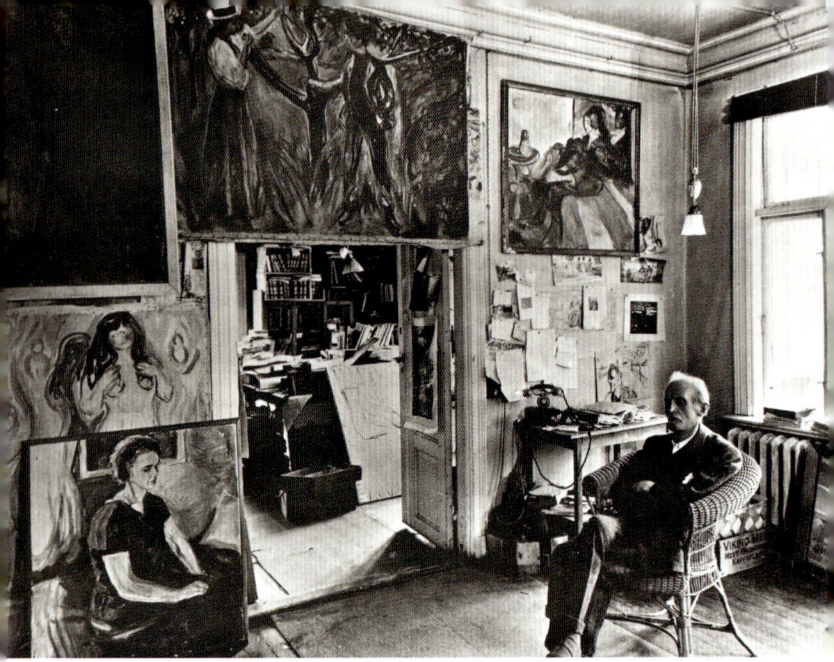

Edvard Munch in seinem Haus auf Ekely, 1943

um seine Ausdrucksweise zu erweitern. In ähnlicher Weise dokumentiert er 1930 minutiös in einer Reihe von Gemälden und Aquarellen den langwierigen Heilungsprozess nach einer intraokularen Blutung in seinem rechten Auge. Auch wenn der Tod plötzlich kommt, wie im Sterbezimmer der Mutter oder auf dem Liebesbett von Marat, so ist er in Munchs Kunst eine vorbestimmte universelle Größe im Leben – ungerecht, aber schicksalhaft. In einem Skizzenbuch aus den Jahren 1927–34 notiert der Künstler: „Bei unserer Geburt sind wir durch den Tod gegangen – Wir haben noch einmal das merkwürdigste Erlebnis: die eigentliche Geburt, die man Tod nennt – die Geburt zu was?“

Der Tod ist die Geburt des Lebens zu neuer Kristallisation.

Edvard Munch, Notiz, 1930–35

Aktueller denn je

Fern jeder nostalgischen Zeitreise, künstlerischen Virtuosität oder kunsttheoretischen Radikalität ist Munch vor allem ein Menschenmaler, dessen Repertoire weit über seine berühmten Werke der 1890er-Jahre hinausreicht. Seine Kunst hat bis heute nichts von ihrer Kraft verloren. Im Gegenteil scheint sie gerade in Zeiten fortschreitender Individualisierung und zunehmend offen gelebter Emotionen an Aktualität zu gewinnen. Aus der Spannung zwischen dem eigenen Empfinden und der täglichen Lust am kreativen Prozess ist etwas entstanden, das uns heute nicht etwa aufgrund von Nostalgie, Fremdheit oder Kuriosität interessiert, sondern unmittelbar etwas in uns zu bewegen vermag. Diese Aktualität ist erstaunlich, da die Welt, aus der Munch seine Bilder geschöpft hat, seit mindestens drei Generationen verschwunden ist. Doch zeigt sich im Rückblick die visionäre, zeitlose und universelle Kraft seiner Kunst gerade darin, das Rohmaterial der Seele unter den historischen und gesellschaftlichen Konventionen freizulegen und auf eine allgemeingültige Ebene zu heben. Dabei ist der Betrachter oft der eigentliche Fluchtpunkt der Bildanlage, dem Munch die unbequeme Aufgabe überlässt, seine offene Bilderzählung zu vollenden.

Mit Wurzeln in der Romantik und Einflüssen bis auf jüngste Entwicklungen ist Munch sowohl ein Künstler des 19. als auch des 20. und 21. Jahrhunderts. Angesichts von Strömungen in der Gegenwartskunst, bei denen es häufig um die Dokumentation des eigenen Lebens, private Mythologien, Rollenspiele, Genderthematiken oder die generelle Verunsicherung des modernen Individuums in einer immer komplexeren Welt geht, ist Munchs Kunst heute ebenso authentisch, lebendig, relevant und widerstandsfähig gegen Moden, wie sie es zu seiner Zeit war, und wird uns sicher weiter begleiten.

* **BERLINER SECESSION** *Die norwegische Abteilung der Großen Internationalen Kunstausstellung in Berlin löste 1891 einen Streit aus, der sich zuspitzte, als die Kommission des Vereins Berliner Künstler 1892 Munchs Ausstellung schließen ließ. Die sich anschließend abspaltende Gruppe Die Elf war der Ausgangspunkt für die Entstehung und Gründung der Secession im Jahr 1898, mit der Berlin München den Rang als deutsche Kunstmetropole ablief.*

---

* **„ENTARTETE KUNST"** *Mit der Beschlagnahme von rund 16 000 Werken – unter ihnen 82 Munch-Werke – begann 1937 die „Säuberung" deutscher Kunstmuseen und -sammlungen durch die Nationalsozialisten. Als „entartet" galten Werke, die nicht mit der NS-Kunstauffassung im Einklang standen, sowie solche jüdischer Künstler. 1937 wurde die Ausstellung* Entartete Kunst *in München eröffnet und auf eine Tournee durch Deutschland geschickt. Werke von Munch wurden 1942 auch in der Schandausstellung* Kunst und Antikunst *in der Osloer Nationalgalerie präsentiert.*

---

* **FRIES** *Ein Fries ist ein linearer, meist waagerechter Streifen zur Gliederung oder Dekoration etwa eines Gebäudes. Aufwendige Relieffriese finden sich beispielsweise an antiken Tempeln, die Geschichten in einzelnen Bildern erzählen. Im Jugendstil erfreute sich der Fries großer Beliebtheit, nicht zuletzt um Architektur und bildende Kunst zu vereinen. Munch hat eine Reihe von Bildfriesen geschaffen. Der berühmteste ist der sogenannte* Lebensfries.

---

* **HERBSTAUSSTELLUNG** *Im November 1882 eröffnete in Kristiania die erste Herbstausstellung als Protest gegen die konservative Ausstellungspolitik der Kristiania Kunstforening. Hinter der neuen Ausstellung, die den Pariser Salon zum Vorbild hatte,*

standen die jungen Künstler Christian Krohg, Frits Thaulow und Erik Werenskiold. Munch nahm 1883 erstmals an der Schau teil, die bis heute jährlich in Oslo abgehalten wird.

---

* **HOLZSCHNITT** *Wie bei einem Stempel wird die zu druckende Form aus einem Holzstock herausgeschnitten, mit Farbe eingerieben und auf Papier gedruckt. Beim Farbholzschnitt wird für jede Farbe ein eigener Druckstock verwendet. Inspiriert durch japanische Holzschnitte, den Ukiyo-e (wörtlich übersetzt: „Bilder der fließenden Welt"), war Munch maßgeblich an der Wiederbelebung und Weiterentwicklung der alten Holzschnitt-Technik beteiligt, die von den Expressionisten begeistert aufgegriffen wurde.*

---

* **LITHOGRAFIE** *Eigentlich für den frühen Zeitungsdruck entwickelt, wurde die Technik erst ab 1890 vermehrt von Künstlern genutzt. Man zeichnete oder malte mit fetthaltiger Farbe auf Platten aus Solnhofener Kalkstein, der wie ein mikroskopischer Schwamm wirkt. Bei der Vorbereitung zum Druck verbleibt nur das sogenannte Fettbild im Stein, das abschließend die mit einer Walze aufgetragene Druckfarbe annimmt. Der größte Teil von Munchs Druckgrafik sind Lithografien.*

---

* **RADIERUNG** *Bei den Tiefdruckverfahren wird in die Oberfläche der Druckplatte geritzt, dann Farbe etwa mit einer Rolle in die Ritzungen gewischt und schließlich mit einer Presse auf Papier gedruckt. Bei der Heißnadelradierung werden die Ritzungen durch Säure vergrößert. Munch arbeitete jedoch meist ohne Säure, um den Ausdruck der Linie möglichst individuell zu belassen. Seine frühen Druckgrafiken von 1894–95 sind fast ausnahmslos Radierungen.*

* **SONDERBUND-AUSSTELLUNG** *1912 wurde Munch zur Teilnahme an der Mega-Schau in Köln eingeladen. Mit mehr als 600 Werken war sie die erste systematisch angelegte internationale Übersichtsausstellung der Moderne, vergleichbar nur mit der Biennale in Venedig heute. Lediglich van Gogh, Gauguin, Cézanne und Munch bekamen als lebende Künstler jeweils einen eigenen Saal. Die Ausstellung markierte Munchs internationalen Durchbruch.*

---

* **VEREIN BERLINER KÜNSTLER** *Gesteuert vom Kaiser und geleitet von Anton von Werner war der Verein so etwas wie Preußens Salon, allerdings hoffnungslos konservativ. Die vom Kaiser propagierte staatstreue Historienmalerei sollte mithelfen, das Volk zu erziehen. Die skandalöse Munch-Ausstellung von 1892, die ungewollt zum Startschuss für die Moderne in Deutschland wurde, richtete den Verein fast zugrunde.*

Literatur

Bjørnstad, Ketil: *Edvard Munch. Ein Leben für die Kunst*, Berlin 2011

Edvard Munch – Between the Clock and the Bed, Ausst.-Kat. The San Francisco Museum of Modern Art, San Francisco, The Metropolitan Museum of Art, New York, Munch-Museum, Oslo, Yale/New Haven/London 2017

Edvard Munch, I oss er verdener, Ausst.-Kat. KODE Kunstmuseer og komponisthjem, Bergen 2019

Edvard Munch. 1863–1944, Ausst.-Kat. Nationalmuseum für Kunst, Architektur und Design, Oslo, und Munch-Museum, Oslo, Berlin 2013

Munch på papir. Tegning – Grafikk – Akvarell, Ausst.-Kat. Munch-Museum, Oslo, Brüssel 2013

Næss, Atle: *Munch – En biografi*, Oslo 2004

Stenersen, Rolf E.: *Edvard Munch, Close-up of a Genius*, übers. und hrsg. von Reidar Dittmann, Oslo 1972 (norwegische Erstausgabe 1944)

Tøjner, Poul Erik: *Munch In His Own Words*, München 2001

Woll, Gerd: *Edvard Munch. Samlede Malerier*. Catalogue Raisonné, Bd. 1–4, Oslo 2008

Woll, Gerd: *Edvard Munch. The Complete Graphic Works*, London 2012

Standorte der abgebildeten Werke

S. 7, 13, 17, 20, 22, 29 (und Nachsatz), 31, 37 (und Vorsatz), 39, 50: Nasjonalmuseet, Oslo

S. 10: KODE, Kunstmuseer og Komponisthjem, Bergen

S. 14, 15, 18, 35, 38, 43, 46, 47, 49, 57, 59, 65, 69, 76, 80 (und Einband), 82, 84, 88: Munchmuseet, Oslo

S. 44: Privatbesitz

S. 55: Von der Heydt-Museum Wuppertal

S. 58: Ateneum, Helsinki

S. 72: Universität Oslo

S. 79: Stenersenmuseet, Oslo

Impressum

Konzeption der kleinen Reihe
Martina Padberg

Verlagslektorat
Şebnem Yavuz

Redaktion
Rosa Baumgartner

Satz und Gestaltung
Christian Padberg

Gesamtherstellung
Wienand Verlag

Printed in Germany

Erschienen im
Wienand Verlag
www.wienand-verlag.de
Weyertal 59, 50937 Köln

© Wienand Verlag Köln
und der Autor, 2021

ISBN 978-3-86832-598-0

Umschlagabbildungen
Einband: *Der Künstler und sein Modell*, 1919–21 (Ausschnitt); Vorsatz: *Der Tanz des Lebens*, 1899/1900 (Ausschnitt); Nachsatz: *Asche*, 1895 (Ausschnitt)

Die Zitate von Edvard Munch wurden vom Autor ins Deutsche übersetzt.

Fotonachweis
akg-images/Fototeca Gilardi SNC: S. 10; akg-images: S. 72; Finnish National Gallery: S. 58; Adrià Goula: S. 86; Munchmuseet: S. 9, 12, 27, 28, 36, 45, 52, 60, 61, 63, 84; Munchmuseet, Foto Halvor Bjørngård: S. 15, 18, 47; Munchmuseet, Foto Sidsel de Jong: S. 65; Munchmuseet, Foto Juri Kobayashi: S. 14, 46, 69; Munchmuseet, Foto Ove Kvavik: S. 38, 43, 44, 57, 59, 76, 79, 80, 82, 88; Munchmuseet, Foto Rena Li: S. 35 o., 35 u., 49; Nasjonalmuseet, Foto Børre Høstland: Vorsatz, S. 7, 13, 17, 20, 22, 29, 31, 37, 39, 50, Nachsatz; Morten René L Strømsborg: S. 87; Von der Heydt-Museum Wuppertal, Foto Medienzentrum Wuppertal, Antje Zeis-Loi: S. 55

Gefördert vom
Verein zur Förderung von Kunst, Buchkultur und Medien e.V.

Bibliografische Information der Deutschen Nationalbibliothek
Die Deutsche Nationalbibliothek verzeichnet diese Publikation in der Deutschen Nationalbibliografie; detaillierte bibliografische Daten sind im Internet über http://dnb.de abrufbar

Wienand-Publikationen werden weltweit in führenden Buchhandlungen und Museumsshops angeboten (Vertrieb in Europa, Asien, Nord- und Südamerika).

WIENAND[S]
KLEINE REIHE
DER KÜNSTLER-
BIOGRAFIEN

96 Seiten
12,95 €

OTTO DIX	978-3-86832-571-3
MAX ERNST	978-3-86832-539-3
CASPAR DAVID FRIEDRICH	978-3-86832-792-2
ALEXEJ JAWLENSKY	978-3-86832-286-6
ERNST LUDWIG KIRCHNER	978-3-86832-389-4
GUSTAV KLIMT	978-3-86832-387-0
KÄTHE KOLLWITZ	978-3-86832-285-9
WILHELM LEHMBRUCK	978-3-86832-388-7
MAX LIEBERMANN	978-3-86832-373-3
AUGUST MACKE	978-3-86832-208-8
PAULA MODERSOHN BECKER	978-3-86832-210-1
AMEDEO MODIGLIANI	978-3-86832-574-4
GABRIELE MÜNTER	978-3-86832-372-6
EMIL NOLDE	978-3-86832-572-0
CHRISTIAN SCHAD	978-3-86832-573-7
EGON SCHIELE	978-3-86832-374-0
MAX SLEVOGT	978-3-86832-442-6
FRIEDRICH VORDEMBERGE-GILDEWART	978-3-86832-774-8
MARIANNE WEREFKIN	978-3-86832-540-9

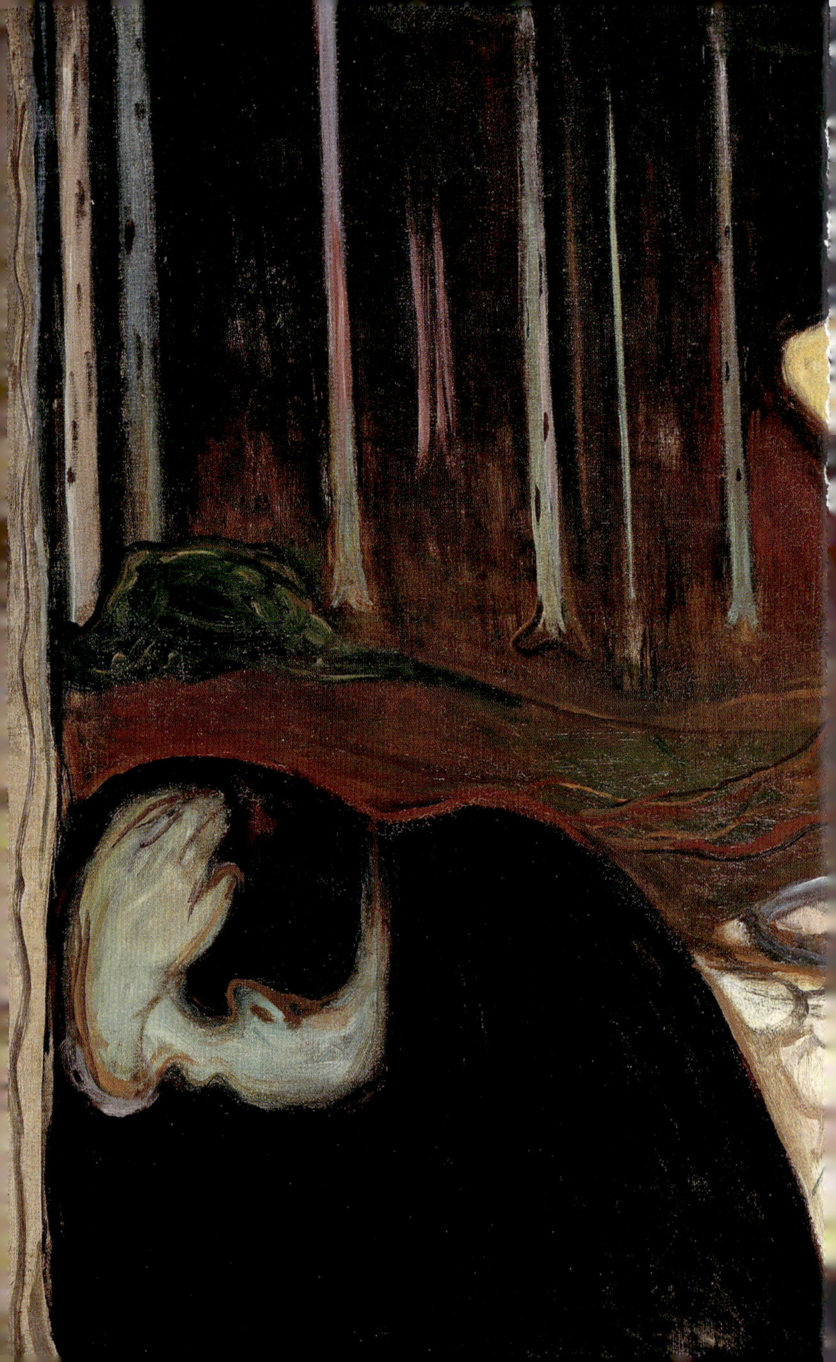